展览主办：

中国国家博物馆

俄罗斯国家历史博物馆

Организаторы выставки:

Национальный музей Китая

Государственный исторический музей России

中国国家博物馆国际交流系列丛书——俄罗斯国家历史博物馆藏十月革命文物图集

图录编辑委员会

主　　任：吕章申
编　　委：王春法　黄振春　冯靖英　李六三　陈成军　古建东
　　　　　白云涛　谢小铨

图录编辑组

主　　编：王春法
副 主 编：白云涛　江　琳
统　　筹：陈　莉
编　　辑：江　琳　潘　艺　王海蛟　许　溪　吕明睿　陈宇豪
编　　务：张维青　安海嵩　王海蛟
撰　　稿：江　琳　王海蛟
翻　　译：孙　芳　高博韬　吕津莹　张程涵　刘　璐
顾　　问：奚静之
装帧设计：潘　艺

中方展览团队

展 览 总 策 划：吕章申
展 览 总 监：白云涛
展 览 项 目 统 筹：陈　莉
展 览 项 目 负 责：江　琳
展 览 内 容 设 计：江　琳　潘　艺　王海蛟　黄　黎　仲叙莹
　　　　　　　　　许　溪
展 览 形 式 设 计：潘　艺
展 览 制 作 设 计：安海嵩
国 际 协 调 统 筹：陈淑杰　张　月
国 际 协 调 负 责：张越聪　董　梅
公共教育与宣传推广负责人：黄　琛　赵　菁
公 共 推 广：刘玥彤
公 共 教 育：陈　慰
网站与互联网负责：孙丽梅　刘　钧
专 题 网 站 策 划：张　应　周子杰
新 媒 体 宣 传：李秀娜　赵　阳

Книжная серия национального музея, посвящённая международному обмену

Альбом памятников Октябрьской революции Государственного Исторического Музея России

Редакционная коллегия

Заведующий: Люй Чжаншэнь
Члены коллегии: Ван Чуньфа   Хуан Чжэньчунь   Фэн Цзинъин
Ли Люсань   Чэнь Чэнцзюнь   Гу Цзяньдун
Бай Юньтао   Се Сяоцюань

Редакционная группа

Главный редактор: Ван Чуньфа
Заместитель главного редактора: Бай Юньтао   Цзян Линь
Координатор: Чэнь Ли
Редакторы:Цзян Линь   Пань И   Ван Хайцзяо   Сюй Си
Люй Минжуй   Чэнь Юйхао
Помощники редактора: Чжан Вэйцин   Ань Хайсун   Ван Хайцзяо
Автор статей: Цзян Линь   Ван Хайцзяо
Переводчики: Сунь Фан   Гао Ботао   Люй Цизиньин
Чжан Чэнхань   Лю Лу
Советник: Си Цзинчжи
Дизайнер: Пань И

Рабочая группа выставки китайской стороны

Главный проектировщик: Люй Чжаншэнь
Главный управляющий: Бай Юньтао
Координатор проекта: Чэнь Ли
Ответственный за проект: Цзян Линь
Дизайнеры содержания: Цзян Линь   Пань И   Ван Хайцзяо   Хуан Ли
Чжун Сюйин   Сюй Си
Дизайнер стендов: Пань И
Дизайнер выставочного производства: Ань Хайсун
Главные распорядители международных дел: Чэнь Шуцзе   Чжан Юе
Ответственные распорядители международных дел:
Чжан Юецун   Дун Мэй
Ответственные за общественное воспитание и рекламирование:
Хуан Чэнь   Чжао Цзин
Менеджер по рекламе: Лю Юетун
Ответственный за общественное воспитание:Чэнь Вэй
Ответственные за веб-страницу: Сунь Лимэй   Лю Цзюнь
Проектировщики тематического веб-сайта:Чжан Ин   Чжоу Цзыцзе
Менеджер по интернет-рекламе: Ли Сюна   Чжао Ян

中国国家博物馆国际交流系列丛书——俄罗斯国家历史博物馆藏十月革命文物图集

俄方展览团队

项目领导：塔玛拉·伊古姆诺娃
策 展 人：奥尔加·吉塔硕娃

团队成员、历史博物馆同事

奥尔加·阿布拉莫娃	格里戈里·卡拉热	爱德华·萨迪拉卡
奥尔加·吉塔硕娃	娜塔莉亚·莫赫娜切娃	卓雅·卢比妮娜
塔季娅娜·西多立娜	奥尔加·福基娜	叶琳娜·希施金娜
艾特里·苏拉泽		

摄影师：Е.鲍里索夫　　　А.格拉切夫　　В.洛日尼科夫
　　　　Г.萨波日尼科夫　　И.谢晋科夫

修复团队

И.П.巴依古洛娃	Л.А.鲍里先科	А.В.弗拉索娃－克里莫娃
Е.И.沃罗宁娜	Е.Е.格拉西莫娃	Т.А.查别琳娜
М.В.佐罗托娃	Г.Д.卡西扬诺夫	С.В.克列皮科夫
С.М.卡梁金娜	И.В.克雷洛娃	Ю.В.马特维耶娃
И.А.梅里霍娃	С.А.波波夫	А.А.萨维洛夫
О.Г.西德利洛娃	А.А.西多洛夫	Е.Д.斯洛博佳纽克
Н.А.夏斯利维亚	О.К.乌娃洛娃	М.А.尤石科维奇

文章作者

《刊物前言》《引言》《第一部分 伟大的革命》《第二部分 人民的纪念》
《第三部分　中苏友谊》——奥尔加·吉塔硕娃
《第二部分　人民的纪念》中《历史博物馆苏联微型漆艺术藏品》——奥尔加·福基娜

项目组织：崔　姗
项目协调：崔　凡　高　欣　郭宁宁　努尔巴耶夫·阿力
翻　　译：高　欣　吕津莹

Редакционная коллегия

Руководитель проекта: Тамара Игумнова
Автор выставки: Ольга Киташова

Рабочая группа, сотрудники ГИМ:

Ольга Абрамова	Григорий Гаража	Эдуард Задирака
Ольга Киташова	Наталья Мохначева	Зоя Рубинина
Татьяна Сидорина	Ольга Фокина	Елена Шишкина
Этери Цуладзе		

Фотографы: Борисов Е.   Грачев А.   Ложников В.   Сапожников Г.
Седеньков И.

Реставраторы

Байгулова И.П.	Борисенко Л.А.	Власова-Климова А.В.
Воронина Е.И.	Герасимова Е.Е.	Забелина Т.А.
Золотова М.В.	Касьянов Г.Д.	Клепиков С.В.
Корякина С.М.	Крылова И.В.	Матвеева Ю.В.
Мелихова И.А.	Попов С.А.	Савёлов А.А.
Сидлярова О.Г.	Сидоров А.А.	Слободянюк Е.Д.
Счастливая Н.А.	Уварова О.К.	Юшкевич М.А.

Автор статей

«Вводная статья к изданию» «Вступление» «Раздел I Великая революция» «Раздел II Народная память» «Раздел III Дружба КНР и СССР» – Ольга Киташова.
Автор статьи «О произведениях из коллекции Советской художественной лаковой миниатюры Исторического музея» из «Раздела II Народной памяти» ---Ольга Фокина.

Продюсеры：Цуй Шань
Координатор выставки：Цуй Фань   Гао Синь   Го Ниннин
Нурбаев Ален
Редактор переводов：Гао Синь   Люй Цзиньин

Книжная серия национального музея, посвящённая международному обмену

Альбом памятников Октябрьской революции Государственного Исторического Музея России

致 辞

吕章申

原中国国家博物馆馆长

100年前的十月革命，改变了世界和中国近代历史的进程。十月革命爆发后，孙中山先生致电苏俄政府和列宁，表示"愿中俄两党团结共同斗争"。1949年，毛泽东同志深刻地指出："十月革命一声炮响，给我们送来了马克思列宁主义。"这一经典论述既指出了十月革命的划时代意义，也揭示了十月革命与中国革命的密切关系。在党的十九大报告中，习近平同志指出：一百年前，十月革命一声炮响，给中国送来了马克思列宁主义。中国先进分子从马克思列宁主义的科学真理中看到了解决中国问题的出路。一九二一年中国共产党应运而生。从此，中国人民谋求民族独立、人民解放和国家富强、人民幸福的斗争就有了主心骨，中国人民就从精神上由被动转为主动。

领袖们的精辟论述，指明了十月革命历史性的伟大意义。今年恰逢伟大的十月革命胜利100周年，早在3年前我们就开始策划举办纪念十月革命一百周年的展览。今天由中国国家博物馆和俄罗斯国家历史博物馆联合举办的纪念十月革命100周年大型文物展，如期开幕了。这是一个具有历史意义和现实意义的重要展览，她将浓墨重彩地记录在中国国家博物馆105年的史册中。

近年来，中国国家博物馆与俄罗斯的博物馆界文化交往日益增多，相继共同举办了数个有影响力的展览，如2014年与托尔斯泰亚斯纳亚·波良纳庄园博物馆、托尔斯泰莫斯科博物馆合作举办的《托尔斯泰与他的时代》展览，2015年与特列恰科夫美术馆合作举办的《伏尔加河回响——特列恰科夫画廊藏巡回画派精品展》，2016年与俄罗斯民族博物馆合作举办的《丝绸之路与俄罗斯民族文物》展览等。这些展览加深了中俄两国人民的相互了解，加强了中俄博物馆界的文化交流，更成为中国观众喜闻乐见的艺术和文化的盛宴。

中国国家博物馆是中华文化的祠堂和祖庙，是中国梦的发源地，也是国家的文化客厅，是以"历史与艺术并重"的国家最高历史文化艺术殿堂。今天，在伟大的十月革命100周年之际，中国国家博物馆和俄罗斯国家历史博物馆联合举办"纪念十月革命100周年——俄罗斯国家历史博物馆藏十月革命文物展"，将用极其珍贵的历史文物、真实的历史照片、精彩的美术作品，向大家展现一段波澜壮阔的革命斗争、一次翻天覆地的历史巨变、一段中俄友好的佳话。

我们相信，在100年后的今天，当我们再度在更广阔的时空里思考十月革命的价值时，更能领会到：继续沿着社会主义道路胜利前进，最重要的就是要把习近平新时代中国特色社会主义思想，贯穿在为实现"两个一百年"奋斗目标和中华民族伟大复兴的"中国梦"的进程中，进而为实现人类命运共同体作出中国人更多的贡献。

Приветственная речь

Люй Чжаншэнь

Бывший директор Национального музея Китая

Сто лет назад одна великая революция изменила процесс мировой истории и китайской истории нового времени. После вспышки Октябрьской революции господин Сунь Ятсен послал телеграмму правительству Советской России и В.И.Ленину, в которой выразил надежду на сплочение «революционных партий Китая и России в целях совместной борьбы». В 1949 году товарищ Мао Цзэдун высказал, «Орудийные залпы Октябрьской революции донесли до нас марксизм-ленинизм.» Это каноническое изложение не только отметило эпохальное значение Октябрьской революции, но и раскрыло тесные отношения Октябрьской революции и Китайской революции. В докладе XIX съезду КПК товарищ Си Цзиньпин отметил: «Орудийные залпы Октябрьской революции донесли до нас марксизм-ленинизм. Передовые китайские элементы увидели в научных истинах марксизма-ленинизма пути разрешения вопросов Китая. На этом фоне Коммунистическая партия Китая родилась в 1921 году. С тех пор КПК стала костяком китайского народа, который ведет борьбу за национальную независимость, освобождение народа, богатство и могущество государства и счастье народа, а китайский народ в духовном отношении, избавив от пассивного положения, стал активным.

Все эти меткие рассуждения указывают на великое историческое значение Октябрьской революции. В нынешнем году отмечается 100-я годовщина великой Октябрьской революции. Еще три года назад, мы уже начали планировать проведение выставки в честь столетия Октябрьской революции. Сегодня официально открылась эта огромная выставка, проводимая общими усилиями Национального музея Китая и Государственного исторического музея России. Эта выставка имеет важное историческое и реальное значение. Она будет вписана как важная и яркая страница в 105-летнюю летопись НМК.

В последние годы ежедневно увеличиваются культурные контакты между Национальным музеем Китая и российскими музеями. Было совместно организовано несколько влиятельных выставок. Например, в 2014 году была Выставка «Лев Толстой и его время», подготовленная НМК с Музеем-усадьбой Л.Н.Толстого «Ясная Поляна» и Государственным музеем Л.Н.Толстого; в 2015 году была Выставка «Волжское эхо. Шедевры передвижников из собрания Государственной Третьяковской галереи», подготовленная НМК и Государственной Третьяковской галереей; в 2016 году была Выставка «Этнокультурное наследие народов России и Шелковый путь», подготовленная НМК и Российским этнографическим музеем.Все эти выставки углубили взаимопонимание между двумя народами Китая и России, укрепили культурные связи китайских и российских кругов музеев, тем более стали искусственным и культурным пиршеством, излюбленным китайским народом.

Национальный музей Китая – это хранилище китайской культуры, в котором зародилась китайская мечта, и культурная приемная государства. Он также и государственное святилище китайской культуры и искусства, которое в ходе своего развития уделяет равное внимание и истории, и искусству. Мы не только обращаем внимание на красоту искусства, но и заботимся о памяти истории и наследии революционной культуры. Сегодня, в момент столетия со дня свершения Октябрьской революции, Национальный музей Китая и Государственный исторический музей России совместно организуют выставку «К 100-летию Октябрьской революции – Памятники из собрания Государственного исторического музея». Через драгоценные культурные памятники, оригинальные исторические фотографии и выдающиеся художественные работы всем посетителям будут показаны бурное и широкое революционное движение, потрясающие и грандиозные исторические изменения, красивая история о дружбе между Китаем и Россией.

Мы уверены в том, что в сегодняшний момент, когда мы в более широком пространстве-времени обдумываем ценность Октябрьской революции, мы более глубже осознаем: для того чтобы успешно идти дальше по пути социализма, самое важное заключается в том, что необходимо придерживаться идей Си Цзиньпина о социализме с китайской спецификой новой эпохи во всем процессе реализации целей борьбы, намеченных к двум столетним юбилеям – столетию КПК и КНР, и осуществления китайской мечты о великом возрождении китайской нации, тем самым вносить еще больший вклад в создание сообщества единой судьбы человечества.

致　辞

阿·康·列维金

俄罗斯国家历史博物馆馆长

中国共产党奠基人之一李大钊先生这样评价1917年十月革命的国际意义："俄罗斯之革命，非独俄罗斯人心变动之显兆，实二十世纪全世界人类普遍心理变动之显兆。……吾人对于俄罗斯今日之事变，惟有翘首以迎其世界新文明之曙光，倾耳以迎其建于自由、人道上之新俄罗斯之消息"。

今天我们为您呈现的《纪念十月革命100周年——俄罗斯国家历史博物馆藏十月革命文物展》，是由中国国家博物馆的同事积极参与筹备的。

俄罗斯与中国在文化、教育、健康卫生、体育、旅游、电影艺术、文献、青年交流领域的联系日益紧密。2006年俄罗斯在中国举办了"俄罗斯年"系列活动，2007年中国在俄罗斯举办了"中国年"系列活动。

在俄罗斯"中国年"活动期间，俄罗斯国家历史博物馆举办了两场独一无二的展览，分别是《中国始皇帝的赤陶大军》和《丝绸之路·五千年的丝绸艺术》，为我馆与中国文化部门合作取得丰硕成果开启了一个良好的开端。2016-2017年，在俄罗斯国家历史博物馆又成功举办了《山西古代艺术展》。同时，《俄罗斯国家历史博物馆馆藏俄罗斯帝国珍宝展》也引入中国。

我们相信，纪念伟大的十月革命100周年展览的成功举办，将为加强中国和俄罗斯国家之间的文化交流发展作出应有的贡献。

Приветственная речь

А.К. Левыкин

Директор Государственного исторического музея России

Один из основателей Коммунистической партии Китая Ли Дачжао так оценивал международное значение Октябрьской революции 1917 года: «Русская революция знаменует изменения в сознании не только русских, но и всего человечества 20-го века... Высоко подняв головы, мы должны приветствовать русскую революцию как светоч новой мировой цивилизации и внимательно прислушиваться к сообщениям из новой России, строящейся на основе принципов свободы и гуманизма».

Сегодня мы предлагаем Вашему вниманию выставочный проект «К 100-летию Октябрьской революции – Памятники из собрания Государственного исторического музея», подготовленный при активном участии наших коллег из Национального музея Китая.

Между Россией и Китаем создаются крепкие связи в области культуры, образования, здравоохранения, спорта, туризма, кинематографии, архивов, молодежных обменов. 2006 г. был объявлен Годом России в Китае, а 2007 г. – Годом Китая в России.

В год Китая в России Государственный Исторический музей принял две уникальные выставки: «Терракотовая армия первого императора Китая» и «Шелковый путь. 5000 лет искусства шелка», которые положили начало плодотворному сотрудничеству нашего музея с учреждениями культуры КНР. В 2016 – 2017 гг. в Историческом музее в Москве с успехом прошла выставка «Древнее искусство провинции Шаньси», а в Китайскую Народную Республику отправилась выставка «Сокровища Российской Империи из собрания Государственного Исторического музея».

Ключевая задача выставки, посвященной 100-летию Великой российской революции, внести достойный вклад в развитие культурных связей между нашими странами.

前　言

　　习近平总书记在党的十九大报告中指出：一百年前，十月革命一声炮响，给中国送来了马克思列宁主义。中国先进分子从马克思列宁主义的科学真理中看到了解决中国问题的出路。一九二一年中国共产党应运而生。从此，中国人民谋求民族独立、人民解放和国家富强、人民幸福的斗争就有了主心骨，中国人民就从精神上由被动转为主动。

　　2017年是伟大的十月革命胜利100周年，这个重要的历史事件，开启了苏维埃俄国在政治、经济、社会和文化领域的一系列巨大变革。在一百年后的今天，十月革命依然是一次具有重大世界意义的历史事件。

　　为了纪念这场伟大的革命，中国国家博物馆和俄罗斯国家历史博物馆联合举办"纪念十月革命100周年——俄罗斯国家历史博物馆藏十月革命文物展"，通过238件十月革命时期的文物、表现革命瞬间的美术作品，以及珍贵的历史照片，纪念这场像灯塔一样为中国人民指明前途和方向的伟大革命。

　　中俄两国之间的友谊源远流长。长期以来，中俄之间开展了各领域的广泛合作，包括高层之间的频繁接触，经贸和人文交流，在联合国安理会等国际舞台上的相互支持，共同参与国际与地区组织等等。

　　今天，中俄之间在文化领域的合作不断深入。这次中国国家博物馆与俄罗斯国家历史博物馆共同主办"纪念十月革命100周年——俄罗斯国家历史博物馆藏十月革命文物展"，就是一个很好的例证。这无疑具有非常重大的意义。

　　我们希望，此次展览项目将成为两国拓宽人文合作过程中的重要一步，并为培养中俄两国长久友谊的新一代接班人事业作出贡献。

Предисловие

В докладе XIX съезду КПК генеральный секретарь Си Цзиньпин отметил: «Сто лет назад орудийные залпы Октябрьской революции донесли до Китая марксизм-ленинизм. Научные истины марксизма-ленинизма указали передовым элементам в Китае пути решения китайских проблем. На этом фоне в 1921 году родилась Коммунистическая партия Китая. С тех пор КПК стала надежной опорой китайского народа в борьбе за национальную независимость, за народное освобождение, за могущество страны и счастье народа. В духовном отношении в китайском народе произошла трансформация от пассивного ожидания к активным действиям».

2017 год – год столетия победы Великой Октябрьской революции в России. Это важнейшее событие стало прологом грандиозных революционных изменений в политической, экономической, социальной и культурной сферах советского государства. Сегодня, как и сто лет назад, неоспоримым остается тот факт, что Октябрьская революция явилась событием громадного исторического масштаба и общемирового значения.

В честь этой великой революции Национальный музей Китая и Государственный исторический музей России совместно организуют выставку «К 100-летию Великой Октябрьской революции – выставка памятников ГИМР об Октябрьской революции». На выставке будет показано 238 памятников, связанных с Октябрьской революцией, включая изображающие революцию художественные произведения и драгоценные исторические снимки. Таким образом мы отмечаем юбилей этой великой революции, которая, словно путеводная звезда, указала китайскому народу направление вперед.

Дружба между Китаем и Россией имеет длинную историю. На протяжении долгого времени обе страны провели широкое сотрудничество в различных сферах, которое выражается в том, что высшее руководство сторон поддерживает частые контакты, торгово-экономические и гуманитарные обмены активизируются, оказывается взаимная поддержка на международной арене, в том числе и в системе ООН, две страны совместно участвуют в международных и региональных организациях, и т.д.

Сегодня китайско-российское сотрудничество в культурной области непрерывно углубляется. Об этом обоснованно свидетельствует совместное проведение обеими сторонами выставки «К 100-летию Великой Октябрьской революции – выставка памятников ГИМР об Октябрьской революции». Это, несомненно, имеет весьма важное значение.

Мы надеемся, что этот выставочный проект станет важным шагом в процессе расширения гуманитарного сотрудничества между двумя странами, тем самым внесем вклад в подготовку нового поколения, которое сохранит дружбу между странами надолго.

目　录

第一部分　伟大的革命

目　录

Раздел I Великая революция

第二部分　人民的纪念

Раздел II Народная память

第三部分　中苏的友谊

Раздел III Дружба КНР и СССР

第 一 部 分
伟 大 的 革 命

Раздел I Великая революция

　　处于最严重危机下的俄国迎来了1917年，第一次世界大战成为"大动荡"的起点。在最初几个月，在反对君主制的派别中，奋起的不仅有自由和民主运动的领袖们，还有爱国的大企业家、高级军事领导，甚至王室成员。从2月到10月短短的时间里，俄国经历了君主制垮台、资产阶级民主议会制形成、企图建立军事独裁专政和1917年10月27日宣布建立工农政府的苏维埃政权的胜利。

　　本部分展示了"阿芙乐尔"巡洋舰舷窗、"十月革命万岁"旗帜等珍贵文物和艺术家们描绘十月革命的经典历史画作。此外，还有系列照片和明信片，它们是1917年2月至10月独特的相片大事记，展示了在俄罗斯两个主要城市彼得格勒和莫斯科革命事件的紧张节奏。

　　Россия встретила 1917 год в состоянии острейшего кризиса. Отправной точкой «великих потрясений» стала Первая мировая война. В первые месяцы 1917 года в оппозицию к монарху встали не только лидеры либерального и демократического движения, но и патриотически настроенные крупнейшие предприниматели, высшее военное руководство страны и даже представители царской династии. За короткий период с февраля по октябрь Россия пережила падение монархии, становление парламентской буржуазной демократии, попытку установления военной диктатуры, победу советской власти, объявившей 27 октября 1917 года о создании рабоче-крестьянского правительства.

　　В данном разделе представлены макет крейсера «Аврора», знамя «Да здравствует Красный Октябрь», произведения изобразительного искусства, работы выдающихся советских живописцев, посвященные событиям Великой российской революции 1917 года. Напряженный ритм событий революции в двух главных городах России - Петрограде и Москве, демонстрирует цикл фотографий и открыток – своеобразная фотолетопись событий от февраля к октябрю.

第一部分　伟大的革命

奥尔加·吉塔硕娃

处于严重危机状态下的俄国迎来了1917年，第一次世界大战成为"大动荡"的起点。俄罗斯帝国参与世界大战的后果——前线的失利、数以百万计士兵的死亡和被俘，引起了普通士兵和部分军官的愤怒、后方的灰心丧气。他们对不论是战时还是和平年代沙皇政府是否能够对国家进行有效管理产生了怀疑。在1917年年初的几个月里，在奋起反对君主制的派别中，不仅有自由民主运动的领袖们，而且有爱国的大企业家、高级军事领导，甚至王室成员。

二月革命的结果是沙皇尼古拉二世的退位与临时政府的成立。同时，革命民主力量组成平行的权力机构——彼得格勒苏维埃政权，由此形成了著名的双权并立局面。

二月革命被认为是一个全民族的节日，它实现了俄罗斯民族关于自由的古老梦想。当时，持有民主思想倾向的公众相信革命是不会流血的。这场革命同时唤醒了旨在彻底解决社会问题的强大社会能量，从二月到十月间，俄国经历了君主制垮台、资产阶级民主议会制形成并企图建立军事独裁专政和1917年10月27日宣布建立工农政府的苏维埃政权的胜利。

从1900年起，列宁和妻子娜杰日达·康斯坦丁诺夫娜·克鲁普斯卡娅的生活开始与俄国社会民主党联系在一起（之后是布尔什维克俄国社会民主党），实际上，他们是这个党派的主要创建者。

列宁和克鲁普斯卡娅在国外度过了15年，这些年乌里扬诺夫夫妇（列宁原姓乌里扬诺夫）去过欧洲12个国家，他们租住在普通的住宅里。在经济困难时期，克鲁

Раздел I Великая революция

Ольга Киташова

Россия встретила 1917 год в состоянии острейшего кризиса. Отправной точкой «великих потрясений» стала Первая мировая война. Последствия участия Российской империи во «всемирной бойне», неудачи на фронте, гибель и пленение миллионов солдат, привели к озлоблению не только среди рядовых, но и части офицерства, к унынию в тылу, породили сомнения в том, что царизм может обеспечить эффективное управление страной, как в военное, так и в мирное время. В первые месяцы 1917 г. в оппозицию к монарху встали не только лидеры либерального и демократического движения, но и патриотически настроенные крупнейшие предприниматели, высшее военное руководство страны и даже представители царской династии.

Непосредственным результатом Февральской революции стало отречение от престола царя Николая II и формирование Временного правительства. Практически одновременно революционно-демократическими силами был сформирован параллельный орган власти – Петроградский Совет –что привело к ситуации, известной как двоевластие.

Февральская революция воспринималась как общенациональный праздник, как осуществление вековой мечты русского народа о свободе. Тогда демократически настроенная общественность поверила, что революция станет бескровной. Вместе с тем эта революция разбудила мощную социальную энергию, направленную на радикальное разрешение социальных проблем. За короткий период с февраля по октябрь Россия пережила падение монархии, становление парламентской буржуазной демократии, попытку установления военной диктатуры, победу советской власти, объявившей 27 октября 1917 г. о создании рабоче-крестьянского правительства.

С 1900-го г. жизнь Ленина и его жены Надежды Константиновны Крупской была связана с Российской социал-демократической партией (позже Российской социал-

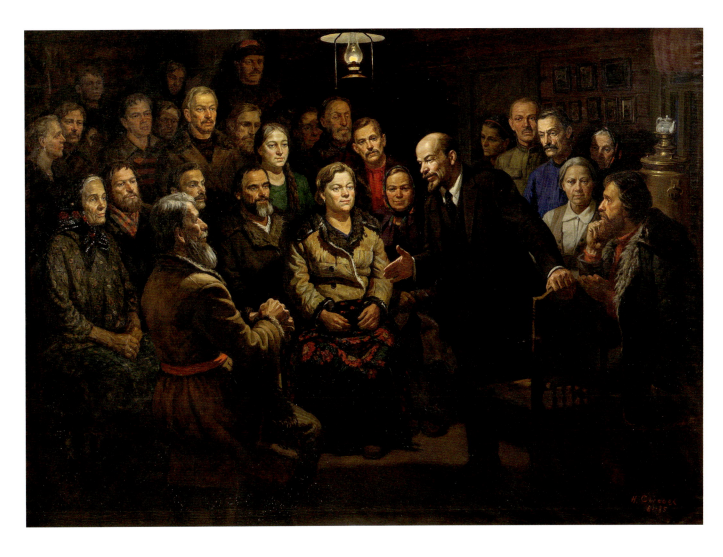

图1
列宁和克鲁普斯卡娅在苏尔金的家中

Н.А. 瑟索耶夫
1981—1985年
布面油画
196厘米 × 271厘米

———

Картина 1
В.И. Ленин и Н.К. Крупская в доме Шульгина

Н.А. Сысоев
1981-1985 гг.
Холст, масло
196см×271см

普斯卡娅写信给党内的同志："……还有一个请求。也许，可否请您寄一些印刷文章的资金，我们财政上有一些困难，一点点钱就可以。朋友也好，敌人也好，我都不让他们来国外！不知为何人们在这里都会变得非常消沉。一个对生活充满乐观态度的人来到这里，听到一些这样那样的说法，两个月左右就变得厌烦不堪了。当然没有任何事情来，只是生活一两个月，那完全是另一回事，而过来生活就另当别论了！"（图1）

在国外流亡的这些年，列宁一直保持与俄国国内党组织的联系，他参加了所有党的代表大会和大型会议，仔细研究了革命党的理论和实践问题，俄国档案中

демократической партией большевиков). Собственно они были одними из главных ее творцов.

В.И. Ленин и Н.К. Крупская провели в эмиграции около 15 лет. За эти годы Ульяновы побывали в 12 странах Европы. Они снимали небольшие квартиры без особого комфорта. В один из периодов финансовых затруднений Крупская писала товарищу по партии: «... И еще просьба. Может, сможете прислать деньги за напечатанные статьи, а то у нас с финансами дела плоховаты, и небольшая сумма даже будет кстати. Ох, и другу, и недругу закажу ехать за границу! Люди ужасно вянут как-то. Приедет человек жизнерадостный, рассказывает то и се, а месяца через два точно душу из него вытянули.... Поехать без дела на пару месяцев, людей поглядеть - другое дело, но жить!» (Картина 1)

В годы эмиграции Ленин постоянно

保存有4万多份列宁的文件。1917年3月2日，当时居住在瑞士的列宁从报纸上得知俄国的革命事件，随即开始想办法返回自己的祖国。3月27日，他随一群由俄国移民组成的团体离开苏黎世，经德国返回俄国。临行前，列宁列了一个随身携带物品的清单：存放家庭用品的篮子，五箱珍贵的书籍，剪报，个人档案资料，瑞典煤油炉。

通过展览展出的列宁的衣服，我们可以想象列宁在日常生活中是什么样子的。从回忆录中可以看出别人对列宁第一印象："……谦虚，整洁，有礼貌，但毫无修饰，在人群中毫不起眼。"

1917年4月3日，列宁从国外返回彼得格勒。这成为1917年俄国革命的历史转折点。（图2）

对于工人、士兵和农民群众来说，"打倒战争！""社会主义革命万岁！""土地是属于农民的！""面包是属于工人阶级的！"——这些布尔什维克的口号首先是与列宁的名字相连的。对资产阶级和统治阶层来说，他的名字则意味

поддерживал связь с партийными организациями в России, участвовал во всех партийных съездах и конференциях, разрабатывал вопросы теории и практики революционной партии. В российских архивах хранятся более 40 тысяч ленинских документов. 2 марта 1917 г. Ленин, живший в то время в Швейцарии, узнал из газет о революционных событиях в России. Немедленно он начинает искать пути возвращения на Родину. 27 марта в составе группы русских эмигрантов он отправляется из Цюриха через Германию в Россию. Перед отъездом Владимир Ильич составил список личных вещей, которые забирал с собой из эмиграции: корзина с домашними вещами, пять коробок с ценными книгами, вырезками из газет, личным архивом, шведская керосинка.

В экспозиции выставки можно увидеть одежду, дающую представление о том, как выглядел Ленин в повседневной жизни. В мемуарной литературе сохранились воспоминания о первом впечатлении, которое производил Владимир Ильич: «... скромный, аккуратно и, что называется прилично, но без претензии одетый человек, ничем не обращавший на себя внимание среди обывателей».

В.И. Ленин прибыл в Петроград из эмиграции 3 апреля 1917 г. Это стало поворотным моментом в истории Русской

图2
1917年4月3日列宁抵达彼得格勒

A.B. 莫拉沃夫
30年代、不晚于1933年
布面油画
216厘米×315.5厘米

Картина 2
Приезд В.И. Ленина в Петроград
3 апреля 1917 года

A.B. Моравов
1930-е, не позднее 1933 г.
Холст, масло
216см×315.5см

着对临时政府尖锐的批评和对政治权力的公开要求。

列宁以社会民主党少数左派力量领导人身份回到俄国，而当时许多党内领导人都倾向于与其他社会主义政党联盟。他们认为，这样的联盟在资产阶级民主议会共和国框架下应该会成为政治生活的积极参与者。列宁在《四月提纲》中提出的新的"夺取权力并开始向社会主义过渡"的战略方针，被党内大多数有远见的活动家接受。列宁需要一个强有力的组织运作，以使党内的战友和同志能够有效落实关键问题——特别是农业、战争与和平的问题。

准确分析政治力量的分布情况，在群众中广泛宣传，准备从根本上解决迫切的社会问题，正是这些，促进了布尔什维克的传播。1917年秋天，他们成为唯一准备给予农民土地和结束战争的政党，这为他们取得1917年10月的胜利起到了决定性的作用。

1917年10月25日夜间到26日，布尔什维克在彼得格勒夺取临时政府在冬宫的驻地，是十月革命关键事件之一。这次突击没有实质的军事行动，是以武装威胁的形式完成的。10月25日（11月7日）清晨，布尔什维克的小支队伍开始占据城市主要地点：新闻机构、火车站、主要发电厂、粮仓、国有银行和电话站。中午时分，城市主体的大多数机构都被布尔什维克巡逻队占据。在接到波罗的海"喀琅施塔得"号导弹巡洋舰几千名水手到来的援助后，布尔什维克决定突击冬宫。21时，在收到从彼得保罗要塞发出的信号后，布尔什维克开始了对冬宫的进攻。21时40分"阿芙乐尔"号巡洋舰甲板炮开炮，总攻冬宫开始。人群突破了攻击者和保卫者之间火和刺刀的障碍，从冬宫广场涌出，冲入宫殿，并在楼梯和走廊蔓延开来。1917年10月26日2点10分，临时政府的部长们被彼得格勒革命军事委员会代表安东诺夫－奥

революции 1917 г. (Картина 2)

Для массы рабочих, солдат и крестьян его имя ассоциировалось прежде всего с большевистскими лозунгами – «Долой войну!», «Да здравствует социалистическая революция!», «Земля – крестьянам!», «Хлеб – рабочим!». Для буржуазии и правящей элиты оно означало резкую критику Временного правительства и открытые претензии на политическую власть.

Ленин вернулся в Россию лидером малочисленной левой социал-демократической партии, многие руководители которой склонялись к блоку с другими социалистическими партиями. По их мнению, такой союз должен был стать активным участником политической жизни в рамках буржуазно-демократической парламентской республики. Предложенный Лениным в «Апрельских тезисах» новый стратегический курс – «взять власть и начать переход к социализму» – был принят в штыки большинством видных деятелей партии. Ленину понадобилась мощная работа по убеждению своих соратников и рядовых членов партии в действенности предложенной им программы решения ключевых вопросов, – прежде всего аграрного и вопроса войны и мира.

Точный анализ расстановки политических сил и пропаганда в массах готовности радикально решить насущные общественные проблемы – именно это способствовало росту популярности большевиков. К осени 1917 г. они стали единственной партией, готовой дать крестьянам землю и покончить с войной, что и предопределило их победу в октябре 1917 г.

Одним из ключевых событий Октябрьской революции стало взятие большевиками резиденции Временного правительства, располагавшейся в Зимнем дворце в Петрограде в ночь с 25 на 26 октября 1917 г. Штурм был осуществлен без существенных боевых действий, но под угрозой применения силы оружия. Утром 25 октября (7 ноября) небольшие отряды большевиков начали занимать главные объекты города: телеграфное агентство, вокзалы, главную электростанцию, продовольственные склады, государственный банк и телефонную станцию. К середине дня большая часть ключевых объектов была занята патрулями большевиков. Штурмовать Зимний

弗申柯逮捕，临时政府被推翻。（图3）

10月25日晚，第二次全俄苏维埃工兵代表大会召开。孟什维克和右派社会革命党人强烈谴责布尔什维克的行动，并要求大会依靠社会各阶层，就组建新内阁的问题与临时政府开始谈判。由于没有得到大会代表们的支持，孟什维克和右派离开了会场，他们因此失去了参与组建新政权机构的机会。考虑到临时政府缺乏经验，不愿解决革命主要问题而导致可信度丧失，列宁立刻建议在苏维埃二大上颁布了关于和平、土地和政权的法令。其中，和平法令宣布俄国退出战争。大会还呼吁所有交战国政府和人民参与无割地、赔款的世界和平倡议。

土地法令中附有242份地方农民委托书，表明了农民关于土地改革的意见。农民要求废除土地私有制，按周期平均分配土地使用。列宁清楚地知道，没有农民支持的政权是不可能成功的，所以他将这些需求列入土地纲领。农民走向了布尔什维克。

权利法令宣布权利广泛转移到苏维埃工人、士兵和农民代表们的身上，大会选举产生了新的全俄中央执行委员会。行政权被转移到临时政府——以列宁为首的苏维埃人民委员会。

1917年11月2日，苏维埃政府采纳了俄罗斯各族人民权利宣言。1918年10月29日全俄青年工兵代表苏维埃大会宣布建立俄罗斯共产主义青年团（共青团）。此次展览展出了苏联艺术家谢洛夫和索科洛夫向历史法令致敬的画作。

十月革命后，列宁被选举为人民委员会主席。1918年3月，苏维埃政府迁到莫斯科。在克里姆林宫进行了正式的工作会谈，艺术家们急切盼望来到这里，为了就列宁的外表以及个人特质作画。所有曾为列宁本人作画或雕塑的人都说："他的姿态和面部肌肉，对于艺术家来说难度很大。"对艺术家来说，还有一个更大的挑

дворец большевики решились после прибытия им на помощь из Кронштадта нескольких тысяч матросов Балтийского флота. В 21 час, после холостого сигнального выстрела из Петропавловской крепости, началось наступление большевиков на Зимний дворец. В 21:40 из бакового орудия крейсера «Аврора» был произведен один холостой выстрел. Он послужил сигналом для начала штурма Зимнего дворца. За парламентерами, разрушившими своим появлением огненный и штыковой барьер между атаковавшими и защищающимися, хлынула толпа с Дворцовой площади, влилась во двор, и стала распространяться по всем лестницам и коридорам дворца. Министры Временного правительства были арестованы представителем Петроградского военно-революционного комитета В. Антоновым-Овсеенко в 2 часа 10 минут 26 октября 1917 года. Временное правительство было низложено. (Картина 3)

Вечером 25 октября открылся II Всероссийский съезд Советов рабочих и солдатских депутатов. Меньшевики и правые эсеры резко осудили действия большевиков и потребовали от съезда начать переговоры с Временным правительством об образовании нового Кабинета министров, опирающегося на все слои общества. Не получив одобрение съезда, меньшевистская и правоэсеровская фракции покинули заседание. Тем самым они лишили себя возможности принять участие в формировании новых органов власти. Учитывая печальный опыт Временного правительства, растерявшего кредит доверия из-за нежелания решать главные проблемы революции, Ленин сразу же предложил II съезду Советов принять декреты о мире, о земле и о власти. Декрет о мире провозгласил выход России из войны. Съезд обратился ко всем воюющим правительствам и народам с предложением всеобщего мира без аннексий и контрибуций.

В основу Декрета о земле были положены 242 местных крестьянских наказа, в которых излагались представления крестьян об аграрной реформе. Крестьяне требовали отмены частной собственности на землю, установления уравнительного землепользования с периодическими переделами земли. Ленин прекрасно понимал, что без поддержки крестьянства удержать власть в стране вряд ли

图3
向冬宫突击（局部）

П.П. 索科洛夫－斯卡利亚
1960年
布面油画
400厘米×830厘米

Картина 3
Штурм Зимнего(частная)

П.П. Соколов-Скаля
1960 г.
Холст, масло
400см×830см

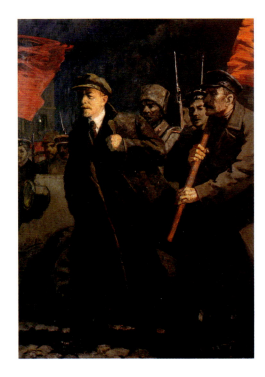

战：把外表普通，但杰出、富有魅力、能把人民吸引到革命中的领导人特质融合到一个形象中。（图4）

弗拉基米尔·乌里扬诺夫（列宁）从儿时就意识到俄国农村的问题。1894年，他在自己的第一部著作《什么是"人民之友"以及他们如何攻击社会民主主义者》中写道："给乡村唱首情歌和'为她打造双眼'，并不意味着爱她尊重她。同样，指出她的缺点也不意味着敌对她。"（图5）

在内战高潮时，农村公社的代表们来到莫斯科克里姆林宫向苏维埃政府领导人寻求正义支持。在和列宁的谈话中，农民们感受到他的狡黠、智慧与农民气质的和谐。在返回家乡的途中，他向人们讲述了自己的节俭与谨慎。推进新经济政策后，在农民们的眼中，列宁成为唯一一位决定将人民消除社会灾难和不公正的梦想付诸实践的领袖人物。

作为苏维埃政府的领导，工作时极度紧张的状态严重影响到列宁的健康。1921年下半年，致命的疾病迹象已经显现出来。在同治疗医生交谈什么困扰着他时，

удастся, поэтому он включил эти требования в аграрную программу. И крестьяне пошли за большевиками.

Декрет о власти провозглашал повсеместный переход власти к Советам рабочих, солдатских и крестьянских депутатов. Съезд избрал новый состав Всероссийского центрального исполнительного комитета (ВЦИК). Исполнительная власть передавалась временному правительству – Совету народных комиссаров (СНК) –во главе с В.И. Лениным.

2 ноября 1917 г. советское правительство приняло Декларацию прав народов России. 29 октября 1918 г. Всероссийский съезд союзов рабочей и крестьянской молодежи объявил о создании Российского коммунистического союза молодежи (РКСМ). В экспозиции представлены картины советских художников В. Серова и М. Соколова, посвященные историческим декретам.

После Октябрьской революции В.И. Ленин был избран председателем Совета народных комиссаров. В марте 1918 г. Советское правительство переехало в Москву. В Кремле проходили официальные и рабочие встречи, сюда же стремились попасть художники, чтобы сделать зарисовки облика и индивидуальных особенностей Владимира Ильича. Все, кому доводилось рисовать или лепить Ленина с натуры, отмечали, «что крайняя подвижность его позы и лицевой мускулатуры делали его весьма трудной моделью для художника». Еще большей проблемой для художников было объединить в одном образе черты человека заурядной внешности с фигурой вождя – яркого, харизматичного, сумевшего увлечь массы людей в водоворот революции. (Картина 4)

О проблемах российской деревни Владимир Ульянов (Ленин) знал с детства. В своем первом программном произведении «Что такое "друзья народа" и как они воюют против социал-демократов?» в 1894 г. он писал: «Петь деревне серенады и "строить ей глазки" вовсе еще не значит любить и уважать ее, точно так же, как и указывать ее недостатки, вовсе еще не значит – относиться к ней враждебно». (Картина 5)

В разгар гражданской войны в Москву, в Кремль потянулись представители крестьянских общин искать правду у главы Советского правительства. В беседах с Лениным

列宁这样回答："很显然，到了五十岁的革命家应该退出了……我完全成了一个不工作的人"。1922年5月，弗拉基米尔·伊里伊奇经历了第一次中风，同年12月在经历第二次中风后列宁已经不能写字不能说话。对于列宁最后的日子，克鲁普斯卡娅写到了自己的感受："他最近一次生病是在不久前，星期日我还和他进行了恢复训练，给他读了关于党代会和苏维埃代表大会的消息。医生完全没料到他的死亡，直到濒死状态时也不相信他会死去。据说他当时处于没有意识的状态，现在我坚信医生们什么都不懂。尸检发现庞大的硬化，情况可能会更糟——有可能是新的瘫痪，至今我都没办法认为这是真的。死亡是最好的解脱。"1924年1月21日，弗拉基米尔·伊里伊奇·列宁逝世。（图6）

中国的俄国革命发展史研究者仝华在《那一场震撼世界的伟大革命——俄国十月革命及其对中国的影响》（2014年11月7日）一文中写道："十月革命后至1918年3月，苏维埃政权在全俄范围内普遍建立。同年3月3日，苏维埃政权同交战国德国在布列斯特签署了布列斯列合约，俄国退出了第一次世界大战。在随后的三年，俄共（布）领导苏俄人民粉碎了国内反革命势力的叛乱和帝国主义国家的武装干涉，初步巩固了新生的苏维埃政权。十月革命具有伟大的意义：第一，它开辟了世

крестьяне чувствовали созвучие с его хитрым, мужицким складом ума, а по возвращении домой рассказывали о его хозяйственности и рассудительности. После введения новой экономической политики в глазах крестьянства Ленин остался единственным вождем, решившимся воплотить народные мечтания об уничтожении социальных бедствий и несправедливости.

Запредельное напряжение, с которым Ленин работал во главе Советского правительства, не могло не отразиться на его здоровье. Уже во второй половине 1921 г. появились признаки смертельной болезни. В беседе с лечащим врачом на вопрос, что его беспокоит, Ленин ответил: «Видимо, революционер, достигший 50 лет, должен выйти за флаг... Я совсем стал неработник». В мае 1922 г. Владимир Ильич пережил первый инсульт, после второго – в декабре 1922 г. – не мог уже ни писать, ни говорить. О своих переживаниях в последние дни жизни Ленина Крупская писала: «Хворал он недолго последний раз. Еще в воскресенье мы с ним занимались, читала я ему о партконференции и о съезде Советов. Доктора совсем не ожидали смерти и еще не верили, когда началась уже агония. Говорят, он был в бессознательном состоянии, но теперь я твердо знаю, что доктора ничего не понимают. Вскрытие обнаружило колоссальный склероз. Могло быть много хуже – могли бы быть новые параличи, и я без ужаса не могу до сих пор подумать, чтобы это было. Смерть была лучшим исходом». Владимир Ильич Ленин скончался 21 января 1924 г..(Картина 6)

Китайский исследователь истории российской революции Тун Хуа в статье «Великая Октябрьская революция и ее влияние на Китай» (7 ноября 2014 г.) пишет: «К марту 1918 года власть Советов установилась в пределах всей России. 3 числа того же месяца Советская власть подписала с воюющей Германией Брестский мирный договор, и Россия перестала быть участником Первой мировой войны. В последующие три года, руководящая российским народом, РКП (б) разгромила контрреволюционные силы внутри России и отразила военную интервенцию империалистических стран, сделав первый шаг к укреплению молодой Советской власти.

图6
列宁和高尔基在戈尔卡

В.П. 叶法诺夫
1938年
布面油画
202厘米×266厘米

Картина 6
В.И. Ленин и А.М. Горький в Горках

В.П. Ефанов
1938г.
Холст, масло
202см×266см

图7
十月（苏联政权第一天）

Н. Л. 巴巴修克
1960年
布面油画
250厘米×300厘米

Картина 7
Октябрь (Первый день Советской власти)

Н. Л. Бабасюк
1960 г.
Холст, масло
250см×300см

界无产阶级社会主义革命的新时代，建立了一条从西方无产者经过俄国革命到东方被压迫民族的新的反对世界帝国主义的革命战线。'在这种时代，任何殖民地半殖民地国家。如果发生了反对帝国主义，即反对国际资产阶级、反对国际资本主义的革命，它就不再是属于旧的世界资产阶级民主主义的范畴，而属于新的范畴了；它就不再是旧的资产阶级和资本主义的世界革命的一部分，而是新的世界革命的一部分，即无产阶级社会主义世界革命的一部分了（毛泽东语）'"。（图7）

Великий смысл Октябрьской революции в следующем: во-первых, она открыла новую эру мировой пролетарской социалистической революции, создала новую линию фронта революционной борьбы с мировым империализмом, вдохновив тем самым и западных пролетариев и восточные угнетенные народы. "Если бы в эту эпоху все колониальные, полуколониальные страны начали революцию против мирового империализма, международной буржуазии и капитализма, то они больше бы не принадлежали старому миру буржуазной демократической революции, но стали бы новым порядком; они перестали бы быть частью буржуазной и капиталистической мировой революции, но стали бы частью мировой пролетарской социалистической революции", – так оценивал значение произошедшего в России Мао Цзэдун». (Картина 7)

亚历山大·维克托罗维奇·莫拉沃夫（1878—1951）曾在 1897 至 1901 年间就读于莫斯科绘画雕塑建筑学校，1904 年成为巡回展览画派的成员之一。自 1923 年加入俄罗斯革命艺术家协会起，他就转入了个人创作的新高潮。他对革命历史题材非常感兴趣，创作了一系列以革命社会为主题的作品。这幅画作是他为纪念红军建立十五周年展而作的《1917 年列宁抵达彼得格勒》三联画的中心部分，其余左侧部分为《列宁在前往彼得格勒的路上》，右侧部分是《1917 年 7 月列宁在科什辛宫阳台的演讲》。

1917 年 4 月 3 日，列宁从国外返回彼得格勒。晚上 11 点 30 分，火车抵达芬兰火车站，参加者这样描述迎接列宁的场面："芬兰火车站广场上挤满了人群，探照灯的光束从黑暗中照射在红旗上，它们闪着红光，就像巨大的红色鸟群。旗帜的上方是金色的条幅'俄国社会民主工党中央委员会'（布尔什维克）。"看到列宁之后，广场上欢呼雷动，广场上激动的人群高呼"乌拉"。列宁向人群发表演讲并强调整个世界都在赞赏地看着俄国。

Моравов Александр Викторович (1878-1951). Учился в 1897-1901 годах в московском Училище живописи, ваяния и зодчества. В 1904 году, став членом Товарищества передвижников. Моравов развивал в русской живописи XX века традиции передвижнической жанровой картины. С 1923 года, с момента вступления в Ассоциацию художников революционной России художник переживает новый подъем своего творчества. На этот раз его увлекает историко-революцион¬ная тематика. Пишет ряд произведений на революционно-общественные темы. Картина, представляющая собой центральную часть триптиха "Приезд В.И.Ленина в Петроград в 1917 году", писалась художником к выставке, посвященной 15-й годовщине Красной Армии. Левая часть «В.И.Ленин на пути в Петроград», а правая часть «Выступление В.И.Ленина с балкона дворца Кшесинской в июльские дни».

В.И. Ленин прибыл в Петроград из эмиграции 3 апреля 1917 г. Поезд прибыл на Финляндский вокзал в 11 часов 30 минут вечера. Участники тех событий так описывали встречу Ленина: «Толпа перед Финляндским вокзалом запружала всю площадь. Снопы прожекторов вырывали из темноты красные знамена, и они полыхали, точно огромные красные птицы. Над знаменами господствовал расшитый золотом стяг "Центральный Комитет РСДРП (большевиков)". Увидев Ленина на площади, заволновалось море голов, громадные толпы закричали «Ура!». Встреченный на площади громовыми возгласами, он обратился к толпе с речью, в которой подчеркнул, что весь мир с восхищением смотрит на Россию.

001

1917 年 4 月 3 日列宁抵达彼得格勒

А.В. 莫拉沃夫
20世纪30年代、不晚于1933年
布面油画
216厘米 × 315.5厘米

001

Приезд В.И. Ленина в Петроград 3 апреля 1917 года

А.В. Моравов
1930-е, не позднее 1933 г.
Холст, масло
216см×315,5см

002

1917 年 7 月列宁在科什辛宫阳台的演讲

A.B. 莫拉沃夫
1933年
布面油画
187厘米×140厘米

002

Выступление В.И. Ленина с балкона дворца Кшесинской в июльские дни 1917 г.

A.B. Моравов
1933 г.
Холст, масло
187см×140см

　　莫拉沃夫开创了 20 世纪俄罗斯油画巡回体裁绘画的传统。他的画作富有同情心并真实地描绘了农民的生活（《收获土豆》《捆禾捆》《沉重的思想》等），在 1911 年举办的画展中展出了其历史画卷《十二月党人在赤塔》。1923 年，莫拉沃夫加入俄罗斯革命艺术家协会，此时期画家创作的画作中反映了社会生活事件以及人们为新生活而努力奋斗的故事，如《穷人委员会的会晤》（1920）、三联画《沃尔霍夫水电站》（1923）、《乡镇户籍登记处》（1928）。在最后几年里，莫拉沃夫创作了不少反映革命历史的画作，包括有三联画《1917 年列宁抵达彼得格勒》（1933）、《1924 年斯大林在"迪纳摩"工厂的讲话》（1937）等。莫拉沃夫是俄罗斯苏维埃联邦社会主义共和国功勋艺术家（自 1946 年）、苏联艺术科学院院士（1949）。

　　Александр Викторович Моравов развивал в русской живописи XX века традиции передвижнической жанровой картины. Его картины правдиво и с сочувствием изображали крестьянскую жизнь («Уборка картофеля», «Вязка снопов», «Тяжелые думы» и другие); а в 1911 году на выставке им была представлена историческая картина "Декабристы в Чите". В 1923 году Моравов вступил в АХРР. В своих полотнах тех лет художник отражает события общественной жизни, борьбу за новый быт: «Заседание комитета бедноты»(1920), триптих «Волховстрой» (1923), «В волостном ЗАГСе»(1928).   В последующие годы Моравов работал главным образом в области историко-революционной живописи: триптих «Приезд В.И.Ленина в Петроград в 1917 году» (1933), картина «Выступление И.В.Сталина на заводе "Динамо"в 1924 году» (1937) и другие. Моравов заслуженный деятель искусств РСФСР (С 1946), действительный член Академии Художеств СССР (1949).

OO3

列宁在装甲车上

М.Г. 马尼泽尔
1924年
青铜、铸件
167厘米×160厘米×90厘米

OO3

В.И. Ленин на броневике

М.Г. Манизер
1924 г.
Бронза, литье
167см×160см×90см

马特维·格尼霍维奇·马尼泽尔（1891-1966）是苏联雕塑家、苏联人民艺术家（1958），苏联美术研究院副院长（1947-1966），曾三度获得斯大林奖金（1941、1943、1950）。马尼泽尔创作了一系列社会主义现实经典作品。1908 至 1909 年他在施蒂格利茨技术绘画学校及巡回展览协会绘画学校和美术研究院学习。1921 年起，他担任教师工作。1937 至 1941 年担任俄罗斯苏维埃社会主义共和国艺术家联盟列宁格勒分会主席。马尼泽尔创作了一系列纪念雕塑，其中比较著名的是《铁饼运动员》。他的很多宏伟作品树立在莫斯科的地铁内，其中最著名的车站——革命广场站（1936-1939）的拱形通道的下方放置了不同类型的雕塑造型：《边防军人和军犬》《饲养员和鸡》《年轻的工人和齿轮》等。

他的作品《列宁在装甲车上》展现了 1917 年 4 月 3（俄历 16）日这个难忘的夜晚，列宁第一次在彼得格勒工人和士兵面前演讲，他以热烈的口号"社会主义革命万岁"结束演讲。

Манизер Матвей Генрихович (1891-1966) — советский скульптор. Народный художник СССР (1958). Вице-президент АХ СССР (1947-1966). Лауреат трёх Сталинских премий (1941, 1943, 1950). Манизер создал ряд произведений, ставших классикой социалистического реализма. В 1908-1909 учился в Центральном училище технического рисования имени Штиглица, в Рисовальной школе Общества передвижных выставок, в Академии художеств. С 1921— на преподавательской работе. В 1937-1941 — председатель правления Ленинградского отделения Союза художников РСФСР. Создал ряд памятников монументальной скульптуры, к числу наиболее известных работ относится скульптура «Дискобол». Большие монументальные работы Манизер осуществил для Московского метрополитена. Наиболее известна станция «Площадь Революции» (1936-1939), где в низких углах арочных проходов размещены большие фигуры с атрибутами различных родов деятельности — пограничник с собакой, птичница с курицей, молодой рабочий с шестеренкой и т. д.

Сюжетом для его работы «В.И. Ленин на броневике» стало первое выступление Ленина перед рабочими и солдатами Петрограда в памятный вечер 3 (16) апреля 1917 г., которое Владимир Ильич закончил пламенным призывом: «Да здравствует социалистическая революция!».

004

穿盔甲的圣女贞德雕像

И.Е. 列别什金、П.И.加里宁
1921年
生铁、青铜
高：66.7厘米

004

Скульптура Жанны Д'Арк в рыцарских доспехах

И.Е. Лепешкин, П.И. Калинин
1921 г.
Чугун, бронза
Высота: 66,7см

1921 年，库萨工厂的工人将圣女贞德雕像作为礼物送给了列宁。有趣的是，中世纪法国人民守护者剑柄上却刻着俄罗斯的工农徽章。工人们在赠送礼物时还附带了一封信，上面写着："亲爱的弗拉基米尔·伊里奇同志！我们，库萨工厂的工人们喜迎乌拉尔地区人民解放，在你的领导下创造新的生活，这是我们以前从不敢梦想的。与此同时，我们库萨工厂的工人送上微薄的礼物，并致以您美好的祝愿，作为我们对即将实现世界和平和世界无产阶级富有成效的集体劳动的信念的证明。"

В 1921 г. рабочие Кусинского завода послали Ленину в подарок скульптуру Жанны Д' Арк. Интересно, что эфес шпаги народной защитницы средневековой Франции украшал герб рабоче-крестьянской России. Подарок рабочих сопровождался письмом: «Глубокоуважаемый товарищ Владимир Ильич! Мы, рабочие Кусинского завода, приветствуя освобождение родного Урала и приступая под Вашим руководством к созданию новой жизни, о радостях которой еще так недавно никто не смел и мечтать, шлем Вам с лучшими пожеланиями свой скромный подарок, как залог нашей веры в близкое осуществление всеобщего мира и плодотворного коллективного труда мирового пролетариата».

005

列宁在拉兹里夫

В.Б.宾丘克
1935年
青铜
37厘米×34厘米×32厘米

005

В.И. Ленин в Разливе

В.Б. Пинчук
1935 г.
Бронза
37см×34см×32см

006

列宁私人物品：帽子

1910年代
细毛毡
直径：26厘米

006

Из личных вещей В.И. Ленина: Шляпа

1910-е гг.
Фетр
D-26см

007

列宁私人物品：旅行包

1910年代
皮革、布料、钢
21厘米×49厘米×31厘米

007

Из личных вещей В.И. Ленина: Дорожный саквояж

1910-е гг.
Кожа, сукно, сталь
21см×49см×31см

008

列宁私人物品：夹克

1910年代
毛织品
背长：70厘米

008

Из личных вещей В.И. Ленина: Пиджак

1910-е гг.
Шерсть
Длина спинки: 70см

OO9

列宁在红场

И.И. 勃罗茨基
1924年
布面油画
285厘米×142.5厘米

OO9

В.И. Ленин на Красной площади

И.И. Бродский
1924 г.
Холст, масло
285см×142,5см

伊萨克·伊兹赖列维奇·勃罗茨基（1883/1884-1939）出生在塔夫利达省的索菲耶夫卡村。他在敖德萨艺术学院学习，师从约里尼、康斯坦丁、拉德任斯基（1896-1902），而后他就读彼得堡艺术学院，师从米亚索耶多夫、齐翁格林斯基（1902-1908），1903 年起曾跟随列宾学习。1918 年，他参加了彼得格勒的革命纪念日设计，曾凭借作品《列宁与示威游行》获得"纪念伟大的俄罗斯革命"写生绘画雕塑大奖赛一等奖。1924 年起，他成为俄罗斯革命艺术家协会的成员，作品《共产国际第二届大会》展示在协会中。他是俄罗斯苏维埃社会主义共和国功勋艺术家（1932），曾任列宁格勒全俄艺术科学院院长（1934-1939），荣获列宁勋章，成为苏联第一位荣获列宁勋章的艺术家（1934）。

Бродский Исаак Израилевич (1883/1884-1939)родился в селе Софиевка Таврической губ.Учился в Одесском художественном училище (1896-1902) у Л. Иорини, К. Костанди, Г. Ладыженского, затем в Петербургской Академии художеств (1902-1908) у П. Мясоедова, Я. Ционглинского и с 1903 у И. Репина.В 1918участвовал в оформлении Петрограда к революционным праздникам.Первая премия Конкурса на лучшие произведения живописи, графики, скульптуры, посвященные «Великой русской революции» (Петроград, 1919) за картину «Ленин и манифестация». С 1924 – член АХРР, организовавшей показ его картины «II конгресс Коминтерна». Заслуженный деятель искусств РСФСР (1932), директор Всероссийской Академии художеств в Ленинграде (1934-1939), первый среди художников награжден Орденом Ленина (1934).

010

1917 年 5 月列宁在普基洛夫工厂工人大会演讲

И.И. 勃罗茨基
1929年
布面油画
303厘米×575厘米

010

Выступление В.И. Ленина на митинге рабочих Путиловского завода в мае 1917 г.

И.И. Бродский
1929 г.
Холст, масло
303см×575см

据勃罗茨基 1928 年 7 月 22 日在给伏罗希洛夫的信中写道："我开始了一项庞大又有趣的工作——一幅巨画——1917 年列宁在普基洛夫工厂演讲。"这幅画是金属工人联合会在列宁格勒的普基洛夫工厂定制的。在很短的时间内，这么一幅巨大的油画就被创作完成了。1929 年 4 月 7 日，列宁格勒艺术－技术学院（美术研究院）的专家委员会收到了这幅画，他们认为："这幅画是完全认真的创作。表情的细腻刻画满足了观众的需求。"与作品《共产国际第二届大会》不同的是，这幅画除了列宁，没有画其他人物，但委员会认为这幅画是"历史上珍贵的艺术文件"。此时正好是勃洛茨基创作生涯 25 周年，他希望自己这幅画可以成为莫斯科周年纪念展览的"中心"，但是这一要求被画作拥有者金属工人联合会所拒绝。但退让并不是勃罗茨基的风格。他给布勃诺夫写信说："没有这幅画，我不会组织我的展览，所以请让他们停办我的画展。……在我们见面时您说过，如果金属工人拒绝了，那么中央委员会可以命令他们交出这幅画。"

1932 年，造型艺术出版社出版了大量该幅画的彩色翻印版。不过，也有评论家认为这幅画的主要缺点是没表现出群众与领袖之间的差距。在评论家看来，画作仔细描绘了一线工作人员的精力充沛、头脑清晰，这与领袖形象很不协调，在面部和形象的描绘上没有表现出领袖的号召力和说服力。在承认某些观点的真实性的同时，我们不得不说，评论家在当时并没有发现《1917 年 5 月列宁在普基洛夫工厂工人大会演讲》这幅画已经成为勃罗茨基"艺术复兴"上的一个新阶段。在这里，他尝试将"领袖至上主义哲学"转述为绘画语言，因为要表现领袖和人民的团结，领袖就不应被推出来，而要说明是人民的浪潮孕育了他。

В письме К.Е. Ворошилову от 22 июля 1928 года И.И. Бродский писал: «У меня начата очень большая и интересная работа — громадная картина — выступление Ленина на Путиловском заводе. 1917». Картина была заказана Союзом металлистов для Путиловского завода в Ленинграде. Огромное полотно было создано в рекордно короткие сроки. Уже 7 апреля 1929 года его принимала экспертная комиссия Ленинградского художественно-технического института (Академии художеств), сделавшая заключение, что «картина исполнена с полной добросовестностью. Ясностью живописного выражения должна удовлетворять требованиям рабочего зрителя». В отличие от картины «II Конгресс Коминтерна» в этой многофигурной композиции кроме В.И. Ленина не было портретных фигур. Несмотря на это Комиссия признала картину в целом «исторически ценным художественным документом». И.И. Бродский рассчитывал, что картина станет «гвоздем» его юбилейной выставки в Москве, приуроченной к 25-летию его творческой деятельности (1929), но получил отказ собственника картины — Союза металлистов. Не в его правилах было отступать.В письме А.С. Бубнову жаловался: «Конечно, без этой картины я устраивать свою выставку не буду, следовательно, они мне выставку срывают. ...При нашем свидании Вы сказали, если металлисты откажут, то для этого еще есть ЦК партии, который может приказать дать картину».

В 1932 году ИЗОГИЗ большим тиражом выпустил цветную репродукцию с картины.Главным недостатком полотна критик считал «разрыв между массой и вождем». Тщательно выписанные энергичные и выразительные головы рабочих на первом плане, по мнению критика, диссонировали с образом вождя, в лице и фигуре которого нет призывающей силы и покоряющей убедительности. Признавая справедливость некоторых замечаний, мы все-таки должны сказать, что критики в то время не заметили, что картина «Выступление В.И. Ленина на митинге рабочих Путиловского завода в мае 1917 года» стала новым этапом в «художественном вождеведении» И.И. Бродского. Здесь художник попытался перевести на живописный язык важный постулат «философии вождизма», согласно которому для достижения единства вождя и народа вождю не надо выдвигаться — его выносит народная волна.

O11

革命领袖

Ю.В. 别洛夫
1969–1973年
布面油画
188厘米×135厘米

O11

Вождь революции

Ю.В. Белов
1969-1973 гг.
Холст, масло
188см×135см

O12

十月前夕

Д.А. 纳尔班江
1970–1973年
布面油画
340厘米×270厘米

O12

Канун Октября

Д.А. Налбандян
1970-1973 гг.
Холст, масло
340см×270см

十月革命向世界展示了历史的新任当选者——主张在地球上建立幸福善良光明王国的革命阶级。画家们见证了1917年事件，记录了转型时代的开始，绘制了政治领袖的肖像，期待他们在革命时代能领导人民，惩治俄罗斯国家机器，不依靠上层，不脱离底层人民，将事件引导至积极轨道，并能承受失败。革命后的艺术家们，努力创造革命的广义形象，自发地表达新当选者世界观的主导思想——舍己精神，以及在通往未来、走向光明道路上的集体意识与行动主义。支持权力的行为和"每天口号"的传统习惯，几乎在十月革命之后立刻发展成为领导人不可或缺的权威体现。在没有大量视觉通讯宣传的情况下，在这辽阔的领土上急需制作和复制肖像画，而肖像画便逐渐进化，进而成为俄罗斯新的主宰。

描绘列宁生平的文艺作品记录逐渐疏离人物形象。建立苏联国家第一领导生活形象的尝试，被社会乐观主义、意志和革命政权所替代。就像档案记载，列宁本人的精神状态并非是这样的。但这是社会主义秩序的要求，它不仅是年轻的布尔什维克的处世态度，而且是表现政治人物的需要。尤其是列宁逝世之后，它填补了社会理想主义和现实主义的差别。苏联共产党第20届（1956）会议之后，对领导人形象的描绘奠定了新的趋势，"平常的简单"取代了"伟大的简单"。艺术家们专注于平易近人的领导者对人民表现的真诚和自然。这种形象的心理特征呈现在了代表作品中。

Октябрьская революция явила миру нового избранника истории – революционный класс, притязавший на построение светлого царства счастья и добра на земле. Художники – очевидцы событий 1917 года, зафиксировали начало эпохи сдвигов: расправу с символами российской государственности, калейдоскоп смены «вождей», рассчитывавших в революционную эпоху повести за собой народ, портреты политических деятелей, не приставших к верхам и оторванных от низов, потерпевших фиаско в попытках направить события в позитивное русло. Художники послереволюционных лет, стремившиеся создать обобщенный образ Революции, стихийно выражали мировоззренческую доминанту нового избранника – личное самопожертвование, культ коллективной воли и действия в движении к будущему, неотвратимому как восход солнца. Традиция подкреплять деяния власти и «лозунги дня» непременным авторитетом вождя сложилась почти сразу после Октябрьской революции. Огромная территория страны при отсутствии массовых средств визуальной информации требовала наладить производство и тиражирование иконографии – претерпевшей со временем эволюцию – новых властителей России.

Художественная Лениниана задокументировала постепенное отчуждение образа от персоны. Попытки создать живой облик первого руководителя Советского государства все больше вытеснялись символическим обобщением социального оптимизма, воли и крепости революционной власти. Как свидетельствуют документы, у самого Владимира Ильича душа не лежала к таким изображениям. Однако это был социальный заказ, продиктованный не только мироощущением молодых большевиков, но и потребностью политической элиты, особенно после смерти Ленина, заполнить углубляющееся расхождение между социальным идеалом и реальностью. После XX съезда КПСС (1956) в изображениях правителей утвердилась другая тенденция. «Простоту величия» сменила «простота обычности». Художники акцентировали внимание на искренности и естественности доступного и близкого народу руководителя. Эта особенность психологической характеристики образа видна в представленных работах.

013

克里姆林宫突击

П.П. 索科洛夫－斯卡利亚
1960年
布面油画
400厘米×830厘米

013

Штурм Кремля

П.П. Соколов-Скаля
1960 г.
Холст, масло
400см×830см

　　帕维尔·彼得罗维奇·索科洛夫－斯卡利亚（1899－1961）是写生画家、版画家。他 1914 至 1918 年就读于莫斯科马什科夫艺术学校，1920 至 1922 年在莫斯科的国立高等美工实习学院学习，1921 年起参与展览。他是"创世纪"艺术家协会的创办者和第一主席（1921－1930），1941 至 1946 年领导"塔斯之窗"军事政治宣传画莫斯科中央工作室。1944 年成为俄罗斯苏维埃联邦社会主义共和国功勋艺术家，1949 年为苏联艺术家科学院正式成员，1959 年为俄罗斯苏维埃联邦社会主义共和国人民艺术家，1953 至 1958 年为俄罗斯联邦美术家协会莫斯科分会管理委员会主席，1953 至 1958 年是苏联艺术科学院主席团成员。索科洛夫－斯卡利亚是 1917 年 10 月至 11 月莫斯科事件的目击者，后来这些素材被他运用在油画创作中。10 月 29 日（公历 11 月 11 日），城市的街道中开始挖战壕和建立防栅，莫斯科中心的战斗打响了。战斗沿着桥梁和街道激烈地进行着，武装工人（红卫军）、步兵部队士兵和炮兵（几乎没有反对布尔什维克的势力）逐渐参与到了临时革命委员会阵营中来。11 月 2 日布尔什维克加速轰炸克林姆林宫，历史博物馆被他们占领。反革命势力于 11 月 2 日 17 点签订投降条约。晚上 21 点军事革命委员会发出停火指令，宣布"革命力量胜利了，大地主和白色近卫军上缴武器。社会安全委员会解散。资本主义一切势力被粉碎并投降接受了我们的要求。莫斯科的一切政权掌握在军事革命委员会手中"。11 月 3 日早晨，克林姆林宫被占领。

　　Соколов-Скаля Павел Петрович (1899-1961) живописец, график. Учился в художественной студии И.И. Машкова (Москва, 1914-1918), во ВХУТЕМАСе (Москва, 1920-1922). Участник выставок с 1921. Организатор и первый председатель Общества художников «Бытие» (1921-1930). В 1941-1946 возглавлял Центральную Московскую мастерскую военно-политического плаката «Окна ТАСС». Заслуженный художник РСФСР (1944), действительный член Академии художеств СССР (1949), народный художник РСФСР (1959), председатель Правления МОСХ (1953-1958), член Президиума АХ СССР (1953-1958). Художник Павел Петрович Соколов-Скаля (1899-1961) был очевидцем событий в октябре-ноябре 1917 года в Москве. Им были сделаны зарисовки, которые впоследствии он использовал при написании картины. 29 октября (11 ноября) на улицах города были вырыты окопы и сооружены баррикады и началась упорная борьба за центр Москвы. Ожесточённые бои шли за мосты, на улицах. В боях на стороне Временного революционного Комитета участвовали вооружённые рабочие (Красная гвардия), солдаты ряда пехотных частей, а также артиллерия (которой почти не было у антибольшевистских сил). 2 ноября артиллерийский обстрел Кремля большевиками усилился и ими был занят Исторический музей. 2 ноября в 17 часов контрреволюционные силы подписали договор о капитуляции. В 21 час ВРК отдал приказ о прекращении огня: «Революционные войска победили, юнкера и белая гвардия сдают оружие. Комитет общественной безопасности распускается. Все силы буржуазии разбиты наголову и сдаются, приняв наши требования. Вся власть в Москве в руках Военно-революционного комитета». Кремль был взят только утром на 3 ноября.

014

十月（苏联政权第一天）

Н. Л. 巴巴修克
1960年
布面油画
300厘米 × 250厘米

014

Октябрь (Первый день Советской власти)

Н. Л. Бабасюк
1960 г.
Холст, масло
300см×250см

◀ ▶

画家尼古拉·卢基奇·巴巴修克（1914—　）从十月大事记中选取了 10 月 25 日彼得格勒苏维埃特别会议来描绘了历史戏剧性的事件。据托洛茨基回忆：当我报告一夜之间发生政权更换时，紧张的沉默持续了几秒钟。而后响起了掌声，不是雷鸣般的，而是经过深思熟虑的掌声。大厅里人都充满着煎熬和期待。工人阶级饱含难以形容的热忱，时刻准备战斗，我们迈过权力的门槛，盲目的热情转为不安的沉思，这是受到正确历史本能的影响。毕竟前面依然存在旧世界的巨大阻力、斗争、饥饿、破坏、鲜血、死亡。"能战胜吗？"很多人在心里问自己，由此开始了不安的沉思。最终，所有人回答"会战胜的"。虽然在遥远的未来还有可能出现新的危险，但现在是伟大胜利的感觉，在鲜血中歌唱的感觉。这种感觉在为列宁同志安排的会面中找到了释放，这是列宁在缺席差不多 4 个月后首次出席会议。

画家瓦西里·普罗果菲耶维奇·叶法诺夫（1900-1978）描绘的是领袖与作家的会面。为表示对作家、社会活动家马克西姆·高尔基的敬意，列宁一般会在家里招待他。1919 年 7 月 19 日，列宁邀请高尔基到莫斯科附近戈尔卡的政府大楼休息。弗拉基米尔·伊里伊奇写到："我经常去乡村待两天，在那里我能为您安排短期和长期的休养。来吧，没错！给我们发电报，届时我们会为您安排好包厢，让您的到访感到更舒适。您应当稍微换一下空气。期待回复，您的列宁。"列宁高度评价高尔基在创作中的功绩和社会现实主义风格，他建议作家前往欧洲治疗，并为 1921 年干旱之后席卷了俄罗斯的这场饥荒筹集反饥饿资金。1920 年 7 月，列宁到彼得格勒出席共产国际第二次大会时与高尔基见了面。作家返回莫斯科之前收到了列宁的礼物，即列宁刚刚出版的《共产主义运动中的左派幼稚病》。他们在塔夫利宫门柱旁合影留念，这是高尔基与列宁最后的会面。

Художник Бабасюк Николай Лукич (1914 г.р.) выбрал из летописи Октября экстренное заседание Петросовета 25 октября — событие, захватывавшее воображение, исполненное исторического драматизма. Л.Д. Троцкий вспоминал: «Когда я доложил о совершившейся ночью смене власти, воцарилось на несколько секунд напряженное молчание. Потом пришли аплодисменты, но не бурные, а раздумчивые. Зал переживал и выжидал. Готовясь к борьбе, рабочий класс был охвачен неописуемым энтузиазмом. Когда же мы шагнули через порог власти, не рассуждающий энтузиазм сменился тревожным раздумьем. И в этом сказался правильный исторический инстинкт. Ведь впереди еще может быть величайшее сопротивление старого мира, борьба, голод, холод, разрушение, кровь и смерть. «Осилим ли?» — мысленно спрашивали себя многие. Отсюда минута тревожного раздумья. «Осилим», ответили все. Новые опасности маячили в далекой перспективе. А сейчас было чувство великой победы, и это чувство пело в крови. Оно нашло свой выход в бурной встрече, устроенной Ленину, который впервые появился на этом заседании после почти четырехмесячного отсутствия».

Художник Ефанов Василий Прокофьевич (1900-1978) посвятил его встрече вождя и писателя. Ленин питал к писателю и общественному деятелю Максиму Горькому особое уважение и обычно принимал его дома. 19 июля 1919 года Владимир Ильич пригласил писателя в правительственный дом отдыха под Москвой в Горках: «Я на два дня часто уезжаю в деревню, – писал Владимир Ильич, – где великолепно могу Вас устроить и на короткое и на более долгое время. Приезжайте, право! Телеграфируйте, когда, мы Вам устроим купе, чтобы удобнее доехать. Немножечко переменить воздух Вам надо. Жду ответа! Ваш Ленин». Ленин, ценивший Горького за заслуги и социальный реализм в творчестве, подал писателю идею отправиться в Европу для лечения и сбора средств для борьбы с голодом, поразившем Россию после засухи 1921 года. В июле 1920 года Горький увиделся с Лениным, когда тот приезжал в Петроград на Второй конгресс Коминтерна. Писатель получил в подарок от Ленина, навестившего Горького в его квартире перед возвращением в Москву, только что изданную ленинскую книгу «Детская болезнь левизны в коммунизме», они вместе сфотографировались у колонн Таврического дворца. Это была последняя встреча Горького и Ленина.

015

列宁和高尔基在戈尔卡

В.П. 叶法诺夫
1938年
布上油画
250厘米 × 316厘米

015

В.И. Ленин и А.М. Горький в Горках

В.П. Ефанов
1938 г.
Холст, масло
250см×316см

米特罗凡·米哈伊洛维奇·别林科夫（1889-1937），写生画家，1889 年 10 月 23 日出生于奔萨省波伊马村庄。1903 至 1905 年，他在奔萨神学院向格朗果夫斯基学习绘画，然后在彼得格勒艺术家奖金协会的绘画学校师从列里赫与雷洛夫 （1913-1915）。

别林科夫 1905 年参加革命，其早期作品深受列里赫影响：奇特的晶体世界、火山爆发、太空事故、龙卷风和被掀起的土地成为他的作品主题。十月革命前夕正赶上别林科夫在装甲部队，他从第一天就加入到无产阶级队列中，参与了保护斯莫尔尼宫的任务。1918 年别林科夫成为托木斯克省马林斯克革命委员会的成员，到 1922 年一直在托木斯克保护艺术和古迹部门工作，担任城市艺术博物馆组织人之一。在此期间，他形成了自己独特的作品风格。1922 年别林科夫在莫斯科加入了俄罗斯革命艺术家协会，创作了以历史革命为主题的作品：《1917 年列宁在米哈伊洛夫练马场演讲》（1923）、《红卫军巡逻》（1924）、《攻占巴士底狱》（1926）、《喀琅施塔得突击》（1926）、《徘徊在欧洲的幽灵——共产主义的幽灵》。自从 1925 年别林科夫初次进入北方，随即成为苏联北极地区的热衷者，极地自然惊人美景的探索者。在极地旅行过程中他进行了大量的创作，这些作品后来在展览上被展出。1926 年，他参加俄罗斯革命艺术家协会第八届"苏联人民生活方式展"，在展览中呈现了作品《摩尔曼斯克渔民》（1925）。别林科夫是第一批关注北方人民生活的艺术家，为人类与自然的斗争在他的作品中找到了形象的表达。

别林科夫的作品以第一人称的形式来转述、描绘了十月列宁在米哈伊洛夫练马场演讲的情景。据装甲坦克营的士兵回忆：1917 年 10 月 25 日，为保护冬宫，150 辆装甲车集中在米哈伊洛夫练马场。此时，装甲兵们政治方针依然不明确，所有的政党都为影响他们而努力。10 月 25 日夜间集会，列宁与托洛茨基演讲之后，决定将装甲车从冬宫转移到斯莫尔尼宫，很多方面预示着临时政府即将垮台。

Берингов Митрофан Михайлович (1889-1937), живописец, родился 23 октября 1889 года в селе Поймы Пензенской губернии. В 1903-1905 годах занимался живописью в Пензенской духовной семинарии у Н.К.Грандковского, затем учился в Рисовальной школе Общества поощрения художников в Петрограде у Н.К.Рериха и А.А. Рылова (1913-1915).

Принимал участие в революции 1905 года. В ранних работах Берингова особенно чувствовалось влияние Рериха: темами его картин стал странный мир кристаллов, извержения вулканов, космические катастрофы, ураганы, вздыбленная земля. Канун Октябрьской революции застает Берингова в автоброневом дивизионе. Он с первых дней становится в ряды борющегося пролетариата, участвует в охране Смольного. В 1918 году Берингов − член ревкома в Мариинске Томской губернии, до 1922 года работает в Томском отделе охраны памятников старины и искусства, является одним из организаторов художественного музея города. В этот период складывается его самостоятельный и своеобразный творческий облик. С 1922 года Берингов в Москве, вступает в члены Ассоциации художников революционной России; создает произведения на историко-революционные темы − «Выступление В.И. Ленина в Михайловском манеже в 1917 г.» (1923), «Красногвардейский патруль» (1924), «Взятие Бастилии» (1926), «Штурм Кронштадта»(1926), «Призрак бродит по Европе, – призрак коммунизма». Впервые попав на Север (1925), Берингов становится подлинным энтузиастом советской Арктики, открывателем удивительных красот полярной природы. Итогом полярных путешествий художника стало большое количество этюдов и картин, появившихся затем на выставках, начиная с 8-й выставки АХРР«Жизнь и быт народов СССР» в 1926 году. На ней он представил картину «Рыбаки Мурманска»(1925). Берингов одним из первых художников остановил свое внимание на людях Севера. Борьба человека со стихией нашла образное выражение в таких его работах.

Берингова передает атмосферу выступления В.И. Ленина в Михайловском манеже в октябрьские дни, что называется, от первого лица. Солдат автоброневого дивизиона вспоминал, что 25 октября 1917 г. все 150 бронемашин были собраны в Михайловском манеже для защиты Зимнего дворца.Политическая ориентация«броневиков» оставалась неопределенной. За влияние над ними боролись лидеры всех политических партий. И только после выступления Ленина и Троцкого на ночном митинге 25 октября было принято решение о переводе бронемашин от Зимнего дворца к Смольному, что во многом предопределило падение Временного правительства.

016

1917 年列宁在米哈伊洛夫练马场演讲（列宁在米哈伊洛夫练马场的装甲兵中间，列宁和装甲车）

М.М. 别林科夫
1923年
木板油画
89.5厘米×106厘米

016

Выступление В.И. Ленина в Михайловском манеже в 1917 г. (Ленин в Михайловском манеже среди броневиков; Ленин и автоброневики).

М.М. Берингов
1923 г.
Фанера, масло
89,5см×106см

017

十月斯莫尔尼宫

Н.И. 奥谢涅夫
1949年
布面油画
155厘米×90厘米

017

Октябрь в Смольном

Н.И. Осенев
1949 г.
Холст, масло
155см×90см

尼古拉·伊万诺维奇·奥谢涅夫（1909–1983）于 1909 年出生在莫斯科，1938 至 1949 年在莫斯科国立苏里科夫艺术学院学习，师从格拉西莫夫、格拉巴里、杰伊涅卡，是俄罗斯联邦功勋艺术家、波兰人民共和国功勋文化活动家。他的作品以历史和革命为主题，主要有：《在莫斯科附近建立防线的共青团员们》（1947）、《十月斯莫尔尼宫》（1949）、《苏维埃政权的第一句话》（1952）、《塔鲁萨的风景》（1957）、《在战争道路上》（1958）、《新风景》（1960）、《"真理报"第一期》（1962）、《工业风景》（1963）、《蓝火干线》（1967）、《布良斯克森林哗哗响》（1967）、《莫斯科的冬天》（1968）、《莫斯科在前进》（1970）等。

Осенев Николай Иванович (1909-1983). Родился в 1909 году в Москве. Учился в 1938-1949 гг. в Московском государственном художественном институте им. В. И. Сурикова у С. В. Герасимова, И. Э. Грабаря, А. А. Дейнеки. Заслуженный деятель искусств РСФСР. Заслуженный деятель культуры ПНР. Автор произведений на историко-революционные темы. Основные произведения: «Комсомольцы на строительстве оборонительных рубежей под Москвой» (1947), «Октябрь в Смольном» (1949), «Первое слово Советской власти» (1952), «Пейзаж в Тарусе» (1957), «По дорогам войны» (1958), «Новый пейзаж» (1960), первый номер газеты «Правда» (1962), «Индустриальный пейзаж» (1963), «Магистрали голубого огня» (1967), «Шумел сурово Брянский лес» (1967), «В Москве зима» (1968), «Впереди Москва» (1970) и т.д.

018

"阿芙乐尔"号巡洋舰 132 号舷窗

1900年4月
黄铜、玻璃、造船用钢
37厘米×46.5厘米×7厘米

018

Иллюминатор № 132 с крейсера «Аврора»

апрель 1900 г.
Латунь, стекло, судостроительная сталь
37см×46,5см×7см

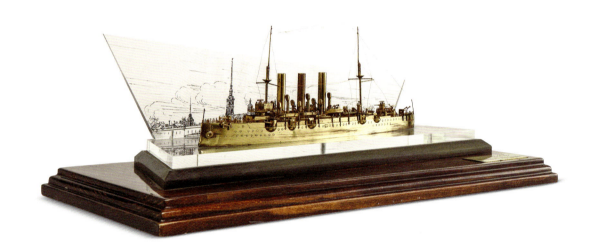

019

"阿芙乐尔"号巡洋舰模型

1977年
黄铜、有机玻璃、硬质橡胶
16厘米×48.5厘米×21厘米

019

Модель крейсера «Аврора»

1977 г.
Латунь, оргстекло, эбонит
16см×48,5см×21см

此为 1977 年 11 月 2 日造船业工人联盟为庆祝十月革命 60 周年赠予苏联共产党中央委员会、苏联最高委员会以及俄罗斯苏维埃联邦社会主义共和国最高委员会的礼物。"阿芙乐尔"号巡洋舰参加了日俄战争期间的第二次太平洋中队行动以及第一次世界大战。1917 年 11 月 7 日 21 时 40 分 "阿芙乐尔"号巡洋舰甲板炮开火，成为向冬宫突击的信号。它是十月革命的主要标志之一。

Подарок Центральному Комитету КПСС, Верховному Совету СССР, Верховному Совету РСФСР к 60-летию Великого Октября от профсоюза рабочих судостроительной промышленности СССР 2 ноября 1977 г. Во время русско-японской войны крейсер участвовал в походе Второй Тихоокеанской эскадры, принимал участие в Первой Мировой войне. В 21:40 7 ноября 1917г. из бакового орудия крейсера «Аврора» был произведен один холостой выстрел. Он послужил сигналом для начала штурма Зимнего дворца. Крейсер стал одним из главных символов Октябрьской революции.

020

三线步枪模型

П.В. 阿列克谢耶夫
1918年
核桃木、钢铁、铜
模型：31.7厘米
刺刀：12.8厘米
螺丝刀：3厘米×0.7厘米
弹夹：1.5厘米×1.8厘米
子弹：1.9厘米

020

Модель трехлинейной винтовки

П.В. Алексеев
1918 г .
Дерево (орех), сталь, латунь
Модель: 31,7см
Штык: 12,8см
Отвертка: 3см×0,7см
Обойма: 1,5см×1,8см
Патрон : 1,9см

021

十月指挥部

В.С. 斯瓦洛克（卡拉奇金）
1935年
布面油画
140厘米×200厘米

021

Штаб Октября

В.С. Сварог (Корочкин)
1935 г.
Холст, масло
140см×200см

　　瓦西里·谢苗诺维奇·斯瓦洛克（卡拉奇金）(1883–1946) 的这幅画是为纪念"工农红军十五年"展览而创作的，在目录中称为《十月的斯莫尔尼宫》。1936 年它被革命博物馆转交，并首次在列宁博物馆《IX. 1917》展厅展出至 1938 年。

　　Сварог (Корочкин) Василий Семенович (1883 –1946).Картина написана к выставке "ХV лет РККА". В каталоге она называется "Смольный в Октябре". Переданное Музеем Революции в 1936 году полотно заняло свое место в первой экспозиции Музея Ленина в зале "IX. 1917" , где находилось только до 1938 года.

023

大势已去！

С.И. 卢金
1960年
布面油画
224厘米×160厘米

023

Свершилось!

С.И. Лукин
1960 г.
Холст, масло
224см×160см

谢尔盖·伊万诺维奇·卢金生于 1923 年、是写生画家、苏联艺术家协会成员。他曾在全俄艺术科学院学习、在敖德萨格列科夫艺术学院任教。

Лукин Сергей Иванович (р. 1923) живописец. Член Союза художников СССР. Учился во Всероссийской Академии художеств. Преподавал в Одесском художественном училище имени М.Б. Грекова.

022

向冬宫突击

П.П. 索科洛夫－斯卡利亚
1960年
布面油画
400厘米×830厘米

022

Штурм Зимнего

П.П. Соколов-Скаля
1960 г.
Холст, масло
400см×830см

024

列宁十月在斯莫尔尼宫

M.Г. 索科洛夫
1932年
布面油画
144.5厘米×213.5厘米

024

В.И. Ленин в Смольном в октябрьские дни

M.Г. Соколов
1932 г.
Холст, масло
144,5см×213,5см

米哈伊尔·格奥尔吉耶维奇·索科洛夫（1875-1953）是版画家、风景画家、肖像画家和生活写实画家。1930至1940年间，他生活在莫斯科附近的艺术家之村佩斯基。在苏联时期，索科洛夫的关于苏联历史标志性事件的作品《列宁十月在斯莫尔尼宫》《1917年临时政府的逮捕》陈列在苏联革命博物馆中，《1918年8月30日列宁遇刺》陈列在中央列宁博物馆中。

Соколов Михаил Георгиевич (1875-1953) график. Работал как пейзажист, портретист и жанрист. Михаил Соколов жил в Москве, в 1930—1940 гг. — в поселке художников Пески под Москвой. В советское время произведения М. Соколова о знаковых событиях советской истории находились в экспозиции Музея Революции СССР («Ленин в Смольном в Октябрьские дни 1917 года», «Арест Временного правительства в 1917 году»), Центрального музея В.И. Ленина («Покушение на В. И. Ленина 30 августа 1918 года»).

025

列宁宣布苏维埃政权成立

В.А. 谢洛夫
1947年
布面油画
270厘米 × 210 厘米
中国国家博物馆藏

025

В.И. Ленин провозглашает Советскую власть

В.А. Серов
1947 г.
Холст, масло
270см×210см
Коллекция Национального музея Китая

027

1918 年 9 月 17 日人民委员会大会

В.Н. 普切林
1927年，不晚于8月15日
布面油画
106厘米×123厘米

027

Заседание СНК 17 сентября 1918 г.

В.Н. Пчелин
1927 г., не позднее 15 августа
Холст, масло
106см×123см

1917 年 11 月列宁在第二届全俄苏维埃代表大会上讲话

B.A. 谢洛夫
1955年
布面油画
310厘米×405厘米

026

Выступление В.И. Ленина на II Всероссийском съезде Советов. Ноябрь 1917 г.

B.A. Серов
1955 г.
Холст, масло
310см×405см

弗拉基米尔·亚历山德罗维奇·谢洛夫（1910－1968）是写生画家、版画家、苏联艺术科学院正式成员。他 1931 年毕业于全俄艺术科学院，曾是萨维茨基的学生，主要致力于历史革命绘画领域，创作了很多政治宣传画。谢洛夫曾于 1947 年创作《列宁宣布苏维埃政权成立》，在纪念十月革命 30 周年的全苏画展上，它被认为是最好的艺术作品之一。1948 年此画和它的作者被授予斯大林一等奖金，20 世纪 50 年代初油画在中央列宁博物馆展出，然后作为礼物送给中华人民共和国。本次展览上呈现的是 1955 年版本，官方评论家称此画是"那些毕生致力于为祖国自由和美好未来而奋斗的人"保留纪念的典范。

Серов Владимир Александрович (1910–1968) живописец, график, действительный член Академии художеств СССР. В 1931 окончил Всероссийскую Академию художеств, ученик В.Е.Савицкого. Работал преимущественно в области историко-революционной живописи. Первый вариант картины был написан Серовым в 1947 г. и назывался «В.И. Ленин провозглашает Советскую власть». Полотно было отмечено в числе лучших произведений изобразительного искусства, представленных на Всесоюзной художественной выставке, посвященной 30-летию Октябрьской революции. В 1948 г. картина и ее автор были удостоены Сталинской премии 1-й степени. В начале 1950-х гг. полотно экспонировалось в Центральном Музее В.И. Ленина, а затем было преподнесено в дар Китайской Народной Республике. На выставке представлен вариант, созданный в 1955 г. Официальная критика называла картину примером сохранения памяти о тех, «кто посвятил свою жизнь борьбе за свободу и светлое будущее Родины».

弗拉基米尔·尼古拉耶维奇·普切林 (1869–1941) 是写生画家，俄罗斯苏维埃联邦社会主义共和国功勋艺术家。他从小就酷爱艺术，得到了母亲的支持和鼓励。14 岁时，普切林画的肖像画被展示给特列季亚科夫，随即他把这位有天赋的男孩送到了莫斯科绘画雕塑建筑学校索罗金教授那里。索罗金直接将普切林录取到了重点班，这个班里除了他之外，就是普里亚尼什尼科夫，马科夫斯基，阿尔希波夫和卡萨特金。

学校毕业后，普切林师从列宾在圣彼得堡艺术学院学习了两年。1896 年，列宾将自己的照片赠予这位弟子，并题词："赠予天才艺术家，即将成为大师的弗拉基米尔·尼古拉耶维奇·普切林，留念"。遵从老师的建议，1897 年普切林带着老师的推荐信去了巴黎，在那里向优秀的欧洲艺术大师们学习。从欧洲回来后，1899 年普切林在巡回展览中展示了作品《巴黎卖花女》，获得巨大成功，并凭借这幅画开启了他作为风俗画家的独立创作之路。

十月革命后，作为老一代的首批艺术家，普切林大胆创作纪念革命主题的画作，成为莫斯科第一代艺术家。他凭借自己宏大的历史油画，在早期苏维埃共和国工农群体中赢得了较高的声望。1922 年，普切林创作了巨作《1905 年 1 月 9 日》，用来装饰莫斯科委员会大厅。1925 年普切林完成了巨大的历史油画《斯捷潘拉辛死刑》，而后的每一年他都会创造新的大型历史构图。1926 年，他完成了《劳教所的女所长》和《谋杀列宁》两幅画作。

油画使普切林具有广泛的知名度，但同时在艺术圈内也引起了论战。有艺术家指出，他的绘画艺术形式深度不够。对此，卢那察尔斯基表示："也许，在我们艺术家中有一些人的绘画手法胜过普切林，但是没有人能够比他更胜任画出英雄特征或表现历史时刻的巨幅画作。我尝试过几次，但很少令人信服，很少令广大群众印象深刻。"

1926 年，普切林获得共和国功勋艺术家称号。他创作的革命历史巨幅作品还包括：《亚历山大·乌里扬诺夫的死刑》《尼古拉二世退位诏书》《揭下面纱》《参观红军》等。

Пчелин Владимир Николаевич (1869—1941) живописец, заслуженный деятель искусств РСФСР. С раннего возраста Пчелин увлекся искусством, горячо и умело поддерживаемый и поощряемый в этом матерью. П.М.Третьяков, которому был показан портрет, написанный 14-летним Пчелиным, направил талантливого юношу к профессору Московского Училища живописи, ваяния и зодчества Е.С.Сорокину. Сорокин принял Пчелина без экзаменов в головной класс, где кроме него самого преподавателями были И.М.Прянишников, В.Е.Маковский, А.Е.Архипов и Н.А.Касаткин.

По окончании училища Пчелин отправился к И.Е.Репину, у которого в Петербургской Академии художеств он занимался два года. В 1896 году Репин подарил молодому художнику свою фотографию с надписью: «Талантливому художнику, вполне готовому мастеру Владимиру Николаевичу Пчелину, на память». По совету учителя и с его рекомендательными письмами Пчелин в 1897 году выезжает в Париж, где учится у лучших мастеров европейского искусства. По возвращении из Европы на Передвижной выставке 1899 года молодой художник выступает с картиной «Парижская цветочница», имевшей большой успех. Этой картиной начался самостоятельный творческий путь художника-жанриста.

После Октябрьской революции Пчелин, один из первых художников Москвы старшего поколения, смело взялся за создание картин, посвященных революционной тематике и приобрел своими громадными историческими полотнами широчайшую популярность среди рабоче-крестьянской массы молодой Советской Республики. Так, в 1922 году Пчелин пишет большую композицию «9-е января 1905 года», десятки лет украшавшую вестибюль Моссовета.В 1925 году Пчелин заканчивает громадное историческое полотно «Казнь Степана Разина», а вслед за ним каждый год создает по новой крупной исторической композиции. В 1926 году он оканчивает сразу 2 картины: «Салтычиха» и «Покушение на Ленина».

Полотна создают ему широкую популярность и в то же время вызывают полемику в художественных кругах: художники указывают на недостаточную глубину художественно-формальной стороны картин.В спор с художниками вступает Луначарский:«Если, может быть, среди наших художников есть такие, которые в отношении чисто живописного ремесла превосходят Пчелина, то, однако, нет таких, которые брались бы за широкие картины характера героической иллюстрации того или другого исторического момента. Я знаю несколько попыток такого рода, но попытки эти гораздо менее убедительны и производят гораздо меньшее впечатление на широкую публику».

Получив в 1926 году звание заслуженного художника республики, Пчелин продолжил работу над крупными историко-революционными композициями: «Казнь Александра Ульянова», «Отречение от престола Николая II», «Снятие паранджи», «В гостях у Красной Армии» и другие.

028

列宁和斯大林在《俄罗斯人权宣言》签名

М.Г. 索科洛夫
1940年代
布面油画
75厘米×100厘米

028

В.И. Ленин и И.В. Сталин подписывают « Декларацию прав народов России»

М.Г. Соколов
1940-е гг.
Холст, масло
75см×100см

《列宁和斯大林在〈俄罗斯人权宣言〉上签名》由米哈伊尔·格奥尔吉耶维奇·索科洛夫（1875—1953）创作。1917年11月2日，苏维埃政府通过了俄罗斯各族人民权利宣言。宣言中制定了最重要的准则，其中确定了苏维埃政权国家政策：俄国各族人民的平等与主权，俄国各族人民享有自由自决权，包括退出和组建独立国家、少数民族享有自由发展的权利。11月10日宣布废除社会阶级划分。12月18日宣布男女公民权平等。

Картина «В.И. Ленин и И.В. Сталин подписывают 'Декларацию прав народов России'» была создана Соколовым Михаилом Георгиевичем (1875-1953). 2 ноября 1917 г. советское правительство приняло Декларацию прав народов России. В ней были сформулированы важнейшие положения, определявшие национальную политику советской власти: равенство и суверенность народов России, право народов России на свободное самоопределение, вплоть до отделения и образования самостоятельного государства, свободное развитие национальных меньшинств. 10 ноября было ликвидировано сословное деление общества. 18 декабря были уравнены гражданские права мужчин и женщин.

029

代表们在列宁身旁

Ф.А.莫多洛夫
1947年
布面油画
202厘米×266厘米

029

Ходоки у В.И. Ленина

Ф.А. Модоров
1947 г.
Холст, масло
202см×266см

费奥多尔·亚历山大维奇·莫多洛夫（1890-1967）是画家、教育家，俄罗斯苏维埃联邦社会主义共和国人民艺术家（1966）、苏联艺术科学院通讯院士（1958）、莫斯科苏里科夫国立艺术学院校长（1948-1962）。莫多洛夫的这幅画作正是为了纪念农民代表和列宁的会谈。弗拉基米尔·乌里扬诺夫（列宁）从儿时就意识到俄国的农村问题，他在科库什基诺村度过了所有的中学假期，大学被开除后便住在阿拉卡耶夫卡村。在内战高潮时，农村公社的代表们去莫斯科克里姆林宫向苏维埃政府领导人寻求正义支持。在列宁和农民交谈中显示了他具有和不同的人交流以及冷静观察周围人的能力。农民也感受到了他灵敏、聪明、有条理。回到家乡后，他们讲述了列宁的经济学和通情达理。实施新经济政策后，在农民眼中，列宁是实现人民梦想，扫除社会贫困和不公正的唯一领袖。

Модоров Федор Александрович （1890-1967） — художник, педагог, народный художник РСФСР （1966）, член-корреспондент АХ СССР （1958）, ректор Московского государственного художественного института им. В. Сурикова （1948-1962）.Встрече крестьянских ходоков с Лениным посвящена картина Модорова. О проблемах российской деревни Владимир Ульянов （Ленин） знал с детства. Все гимназические каникулы он проводил в деревне Кокушкино, а после исключения из университета жил в деревне Алакаевка. В разгар гражданской войны в Москву, в Кремль потянулись представители крестьянских общин искать правду у главы Советского правительства. Уже тогда в разговорах с крестьянами проявилось характерное для Ленина умение разговаривать с разными людьми, трезво вглядываться в окружающую его жизнь. Крестьяне чувствовали созвучие с его хитрым, мужицким складом ума, а по возвращении домой рассказывали о его хозяйственности и рассудительности. После введения новой экономической политики в глазах крестьянства Ленин остался единственным вождем, решившимся воплотить народные мечтания об уничтожении социальных бедствий и несправедливости.

030

列宁在讲坛上

A.M.格拉西莫夫
1930年
布面油画
280厘米×210厘米

030

В.И. Ленин на трибуне

A.M. Герасимов
1930 г.
Холст, масло
280см×210см

亚历山大·米哈伊洛维奇·格拉西莫夫 (1881-1963)，写生画家，是俄罗斯苏维埃联邦社会主义共和国功勋艺术家（1936），苏联人民艺术家 (1943)，苏联艺术科学院院士（从 1947 年起）、苏联艺术科学院主席（1947-1957）、斯大林奖获得者(1941、1943、1946、1949)，曾在莫斯科绘画雕塑建筑学校写生建筑系学习。他 1915 年参军，在坦波夫省度过了十月革命后的第一个 8 年，在那里为南方前线战士们创作了剧院布景和宣传画。1925 年，他搬到莫斯科，加入俄罗斯革命艺术家协会。从 1926 年起，他参与了大型的主题展览，开始了创作的新篇章。

格拉西莫夫自创画像流派，他这一时期的作品中十月革命领袖形象占首位。1932 年格拉西莫夫成为苏联艺术家委员会主席，苏联美术家协会莫斯科分会第一主席。1933 年起，格拉西莫夫开始为斯大林画像，创作了《斯大林在第十六届俄罗斯布尔什维克共产党大会》（1935）、《斯大林和伏罗希洛夫在克里米亚》（1938）等。1937 年格拉西莫夫赴巴黎参加了世界展览，其作品《骑兵第一军团》获得大奖。

格拉西莫夫 1930 年创作油画《列宁在讲坛上》被认为是体现领袖形象的经典之作。作者于 1928 年开始创作此画，在临近列宁 60 岁生辰时完成。画上是正在讲话的列宁，作者解释说，他想通过列宁脸部强硬的线条表现出"革命的呼声"。在暴风雨天空的背景下，列宁急切的身影，看台旁鲜红的旗帜在风中飘舞，示威者在剧院广场上，作者以惊人的创作热情塑造了"列宁——我们的旗帜"的形象。这是领袖形象的艺术体现，被普遍认为是描写列宁生平的优秀艺术作品之一。

Герасимов Александр Михайлович (1881-1963), живописец, заслуженный деятель искусств РСФСР (1936), народный художник СССР (1943), действительный член Академии художеств СССР (с 1947), Президент Академии художеств СССР(1947-1957), Сталинские премии (1941, 1943, 1946, 1949). Учился в МУВЖЗ на живописном и архитектурном факультетах. В 1915 был мобилизован в действующую армию. Первые восемь лет после Октябрьской революции художник провел в Тамбовской губернии, где создавал агитационные панно, театральные декорации, плакаты для Южного фронта. Переезд в Москву в 1925, вступление в АХРР, участие с 1926 в больших тематических выставках открывают новый этап в творчестве Герасимова — работа над портретным жанром.

Образы вождей Октябрьской революции заняли первенствующее место в его творчестве этого периода. Герасимов с 1932 становится председателем оргкомитета Союза советских художников, первым председателем МОССХ — МОСХ. С 1933 Герасимов работает над портретами И.В. Сталина. Работы художника: «И.В. Сталин на XVI съезде ВКП(б)» (1935), «И.В. Сталин и К.Е. Ворошилов в Кремле» (1938) и другие. Герасимов был участником Всемирных выставок в Париже в 1937 (Гран-при за картину «Первая Конная армия»).

Кульминация I раздела выставки – картина Александра Герасимова «Ленин на трибуне», созданная в 1930 г. Она считается классическим образцом воплощения символического образа Вождя. Художник начал работать над картиной в 1928 г., закончил к 60-летию со дня рождения В.И. Ленина. На портрете Ленин показан говорящим. Художник объяснял, что в порывистой позе, выражении лица он хотел выразить «клич за революцию». Динамичная, устремленная вперед в ораторском порыве фигура Ленина на фоне бурного, грозового неба, развевающиеся на ветру алые полотнища у трибуны, колонны демонстрантов на Театральной площади, с поразительным живописным темпераментом автор создает образ «Ленин — наше знамя». Это художественное воплощение образа вождя, по общему мнению, было и остается одним из лучших произведений художественной Ленинианы.

031

1922 年 11 月 20 日列宁在莫斯科苏维埃全会上发言

A.M. 格拉西莫夫
1930年
布面油画
200厘米 × 163厘米

031

Выступление В.И. Ленина на Пленуме Моссовета 20 ноября 1922 г.

А.М. Герасимов
1930 г.
Холст, масло
200см×163см

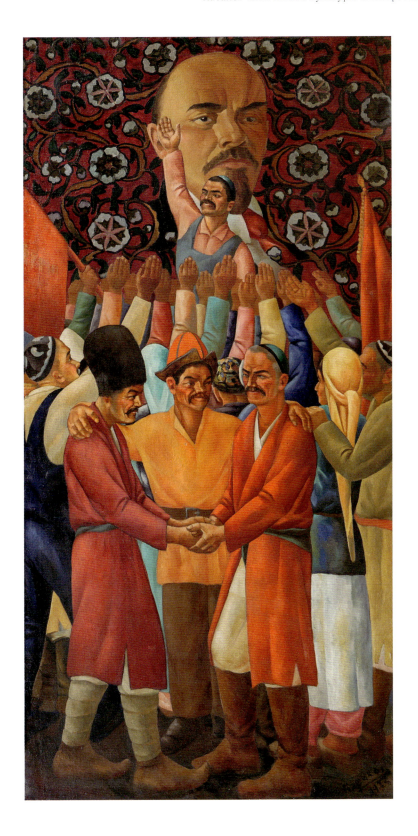

032
列宁－斯大林民族政策的庆典

Н.Г. 卡拉翰
1933年
布上油画
191厘米×97厘米

032
Торжество ленинско-сталинской национальной политики

Н.Г. Карахан
1933 г.
Холст, масло
191см×97см

尼古拉・格奥尔吉耶维奇・卡拉翰（1900–1970）是写生画家、版画家，1919 至 1921 年间在塔什干土库曼边区艺术学校学习，1921 年应征入伍，但是继续从事艺术工作。卡拉翰是风景画家、肖像画家，创作了以乌兹别克斯坦日常生活、劳动、工业化等为主题的画作。他从 1928 年起担任俄罗斯革命艺术家协会塔什干分会委员和展览人，在塔什干举办过个人展览（1960，1965），曾在土库曼中等师范专科学校（1925–1934）和塔什干艺术专科学校（1934–1941）教授绘画。由于其杰出表现，被乌兹别克苏维埃社会主义共和国授予人民艺术家荣誉称号。1981 年在塔什干举办了艺术家回顾展。他的作品遍布很多博物馆，其中包括国立特列季亚科夫画廊、塔什干的乌兹别克斯坦国立艺术博物馆、萨维茨基国立艺术博物馆等。

Карахан Николай Георгиевич (1900-1970), живописец, график. Учился в Туркестанской краевой художественной школе в Ташкенте (1919-1921). В 1921 призван на военную службу, но продолжал работать как художник. Жил в Ташкенте. Работал как пейзажист, портретист, писал картины на темы быта, труда, индустриализации в Узбекистане. Член и экспонент Ташкентского филиала АХРР (с 1928). Провел персональные выставки в Ташкенте (1960, 1965). Преподавал рисунок в Туркменском педагогическом техникуме (1925-1934), живопись в Ташкентском художественном училище (1934-1941). За свою деятельность был удостоен звания народного художника Узбекской ССР. В 1981 в Ташкенте состоялась ретроспективная выставка художника. Произведения находятся во многих музейных собраниях, в том числе в Государственной Третьяковской галерее, Государственном музее искусств Узбекистана в Ташкенте, Государственном музее искусств им. И. В. Савицкого.

033

两幅列宁肖像（写生画）

И.К. 帕尔霍缅科

1921年

布面油画

62厘米×40.5厘米

033

Два портретных наброска с натуры В.И. Ленина (Этюды с натуры)

И.К. Пархоменко

1921 г.

Холст, масло

62см×40,5см

伊凡·基里洛维奇·帕尔霍缅科（1870—1940）是画家、诗人、记者。他出生在乌克兰，1894年在画家盖伊的建议下到彼得堡艺术学院学习，毕业后于19世纪90年代末在波尔塔瓦定居。他曾在首都一家名叫"交易所清单"报社的编辑部工作，在《小丑》《蜻蜓》《碎片》杂志上刊载过幽默插图，也在报纸上发表过文学作品。1905年，他进入了巴黎朱利安学院，在绘画教授让·保罗·罗兰班里学习了两年。1908年返回彼得堡后，帕尔霍缅科开始着手创建俄罗斯作家画廊。3年间他一共创作了包括托尔斯泰、柯罗连科等在内的将近90幅画像。1915年，他来到雅罗斯拉夫尔，也是在那里赶上了十月革命。1918年，在省级军区政委的请求下，帕尔霍缅科创作了革命主题画作和革命领导人画像来装饰雅罗斯拉夫剧院，开设了红军艺术工作室，为省军事委员部的宣传列车创作彩画。

在雅罗斯拉夫尔，帕尔霍缅科根据纳佩利巴乌姆的照片画了自己第一幅列宁画像，并受到了卢那察尔斯基的称赞。自1920年以来，艺术家居住在莫斯科，创作了斯大林、加里宁、捷尔任斯基、谢马什科等十月革命和苏维埃共和国活动家的生活画像。1921年巴尔霍缅科在列宁的克里姆林宫办公室为列宁画像。画家在回忆录中写到，他偶然在全俄中央执行委员会的照片中看见了列宁的姐姐——安娜·伊利尼奇娜，并与她结识。知道他想画列宁的肖像，安娜·伊利尼奇娜热情地邀请他去做客，并给他看了乌里扬诺夫家族的各种照片。当得知帕尔霍缅科想描绘生活中的列宁，她为他提供了帮助。1921年11月的一天，上午10点，帕尔霍缅科带着折叠画架、画布和油画颜料出现在列宁的办公室。从10点半到下午4点，他观察和研究着列宁多变且丰富的各种面部表情。在没有人时，列宁放下工作整理桌子上的文件，还和他谈了很多生活的日常事务、文学绘画和巴黎、彼得格勒的事情。他的油画草图和油画肖像都被保留下来，收藏在列宁博物馆里。

Пархоменко Иван Кириллович (1870 – 1940), живописец, поэт, журналист. Родился на Украине. В 1894 году по совету Ге поступил в Петербургскую Академию художеств, по окончании которой, в конце 1890-х годов, поселился в Полтаве. В столице Пархоменко работал в редакции газеты "Биржевые ведомости", публиковал юмористические рисунки в журналах "Шут", "Стрекоза", "Осколки", печатал в газетах литературные произведения. В 1905 году поступил в парижскую Академию Жюльена, два года учился в классе у одного из ведущих профессоров живописи Жана-Поля Лорана. Вернувшись в 1908 году в Петербург, Пархоменко приступил к выполнению давно задуманного созданию галереи русских писателей. На протяжении трех лет он написал около 90 портретов: Л.Толстого, В.Короленко и других. В 1915 году –жил в Ярославле, где его и застала Октябрьская революция. В 1918 году по просьбе губернского военного комиссара художник оформил картинами на революционные темы и портретами деятелей революции интерьер Ярославского театра, открыл художественную студию для красноармейцев, расписал агитпоезд губвоенкомата.

В Ярославле Пархоменко пишет по фотографии С. Наппельбаума свой первый портрет В.И.Ленина, одобренный А.В. Луначарским. С 1920 года художник жил в Москве, написал с натуры портреты И. Сталина, М. Калинина, Ф. Дзержинского, Н.Семашко и других деятелей Октябрьской революции и Советской Республики. В 1921 году Пархоменко рисует Ленина в его кремлевском кабинете. Художник писал в своих воспоминаниях: «Я случайно встретился и познакомился в фотографии ВЦИКА (у Наппельбаума) со старшей сестрой Ленина —- Анной Ильиничной. Узнав, что я хочу написать портрет Владимира Ильича, она любезно пригласила меня к себе и показала мне целый ряд всевозможных фотографических снимков со всей родословной Ульяновых…. Когда я сообщил Анне Ильиничне, что хотел бы написать Ленина с натуры, а не со снимков, она взялась мне в этом помочь…. И вот, ровно в десять часов утра, – это было в ноябре 1921 года, — я явился в кабинет Ленина со складным мольбертом, с полотном и красками. В тот день я писал Владимира Ильича чуть ли не с половины одиннадцатого до четырех часов, наблюдая и изучая его страшно подвижное и богатое самой разнообразной мимикой лицо. В промежутках, когда никого не было и когда он отрывался от своей работы и перебирал на столе бумаги, мы говорили с ним о разных житейских делах, о литературе, о живописи, о Париже и о Петрограде». Сохранились зарисовки карандашом, этюд и портрет, выполненные маслом (все в Музее В.И. Ленина).

034
列宁和俄罗斯共青团第三次代表大会代表们在一起

П.П. 别拉乌索夫
1949年
布面油画
164厘米×135厘米

034
В.И. Ленин среди делегатов III съезда РКСМ

П.П. Белоусов
1949 г.
Холст, масло
164см×135см

彼得·彼得罗维奇·别拉乌索夫 (1912—1989) 是苏联写生画家、版画家、教育家、教授。苏联艺术科学院通讯院士 (1979)，俄罗斯苏维埃联邦社会主义共和国人民艺术家 (1976)，1939 年起成为苏联艺术家协会成员，经历过列宁格勒大围困。

1932 年别拉乌索夫进入无产阶级艺术造型学院的附属工农速成中学，1933 年被列宁格勒油画雕塑建筑学院的绘画专业录取。他创作肖像画、风景画、风俗画和历史画，但主要题材是历史画。别拉乌索夫绘画方式的独特之处在于他对学院派传统的忠实遵循，其中以列宁主义和革命为主题的作品最具有知名度。他的主要作品有：《第十七届联共会议 (布) 的基洛夫》（1939）、《列宁和俄罗斯共青团第三次代表大会代表们在一起》（1949）、《我们以另一种方式前行》（1951）、《希腊的爱国主义者》（1954）、《阅读》《1918 年暗杀列宁》（两幅画 1957）、《陆军中将列米佐夫肖像画》（1972）、《封锁期的日记》《谁也不会忘记》（两幅画 1980）等。

Белоусов Петр Петрович (1912-1989) — советский живописец, график и педагог, профессор. Член-корреспондент Академии Художеств СССР (1979). Народный художник РРСФСР (1976). Член Союза художников СССР с 1939 г. Пережил блокаду Ленинграда.

В 1932 Белоусов поступает на рабфак при Институте пролетарского изобразительного искусства. В 1933 его принимают на живописное отделение Ленинградского института живописи, скульптуры и архитектуры. Писал портреты, пейзажи, жанровые и исторические композиции. Ведущий жанр — историческая картина. Манеру письма Петра Белоусова отличали приверженность традициям академической школы. Наибольшую известность приобрёл как автор произведений на ленинскую и революционную тему. Среди созданных Белоусовым произведений картины «С. М. Киров на XVII съезде ВКП(б)» (1939), «В. И. Ленин среди делегатов III съезда комсомола» (1949), «Мы пойдём другим путём» (1951), «Патриотка Греции» (1954), «За чтением», «Покушение на В. И. Ленина в 1918 году» (обе 1957), «Портрет генерал-лейтенанта М. Ф. Ремизова» (1972), «Из дневника блокады», «Никто не забыт» (обе 1980) и другие.

035

列宁

И.А. 格林曼
1923年
布面油画
155厘米×108厘米

035

В.И. Ленин

И.А. Гринман
1923 г.
Холст, масло
155см×108см

伊里亚·阿布拉莫维奇·格林曼（艾里施·阿夫卢莫维奇）（1875–1944）是写生画家，1875 年 4 月 20 日（俄历 4 月 8 日）出生在顿河畔罗斯托夫的市井家庭。1893 至 1897 年，他在敖德萨绘画学校学习，1897 年在艺术科学院学习，师从科瓦列夫斯基和列宾，1904 年凭借《黄昏时分》作品获得艺术家称号。他曾在彼得格勒工作，是彼得格勒犹太艺术家奖金联合会的成员（1916–1918）。他创作了追忆托尔斯泰、高尔基和列宾的作品。主要作品有：《安德烈耶夫和高尔基》（1905）、《高尔基在阅读自己的剧本〈太阳的孩子们〉》（1905）、《夏里亚宾扮演靡非斯特》（1906）、《托尔斯泰》（1908）、《托尔斯泰伯爵》（1913）、《普列谢耶娃肖像》（1913）、《列宾》（1914）、《雕塑家阿伦森》（1915）、《女孩肖像画》（1916）、《别德内肖像画》（1920）、《列宁》（1923）。

列宾的学生格林曼是能够在克里姆林宫办公室里为列宁本人画肖像的画家之一。艺术家在画像中表现了一个政治领袖紧张的心理状态。他站在办公桌旁，被灯光包围，微驼着身子，仿佛被周围昏暗的灯光，或者说事业重担所压制。在这一瞬间，他是孤独的，他的神态是疲惫的甚至是病态的。他嘴唇紧闭，没有一丝微笑，脸部右侧几乎被黑暗遮住。格林曼的这幅作品，是唯一一张列宁直视观众的画作，持续的沉重目光似乎不会放过任何一双眼睛。画家曾提及自己独特的领袖形象分析，革命过去五年，深夜寂静的办公室里列宁会思考些什么呢？那便是，结束社会不公平现象的群众运动，如同冷热交替的湍急河流，清流与淤泥将官僚主义和利己主义的泥潭带出水面。1927 年，在作者动身前往国外后，为纪念十月革命 10 周年，列宁格勒的红色报纸出版社翻印了 45000 份列宁像。

Гринман Илья Абрамович (Элиш Аврумович) (1875-1944), живописец. Родился 20 (8) апреля 1875 в Ростове-на-Дону. Из мещан. Посещал Одесскую рисовальную школу (1893-1897), учился в Академии художеств (с 1897) у П.О.Ковалевского, И.Е.Репина. В 1904 получил звание художника за картину «В сумерках». Работал в Петербурге. Был членом художественной секции Еврейского общества поощрения художеств в Петрограде (1916-1918). Написал воспоминания о Л.Н. Толстом, А.М. Горьком и И.Е. Репине. Работы художника: «Л. Андреев и М. Горький»(1905), «М. Горький за чтением своей пьесы "Дети солнца"»(1905), «Ф.И. Шаляпин в роли Мефистофеля»(1906), «Л.Н. Толстой»(1908), «Граф И.И. Толстой»(1913), «Портрет А.А. Плещеевой»(1913), «И.Е. Репин»(1914), «Скульптор Н.Л. Аронсон»(1915), «Портрет девочки»(1916), «Портрет Д. Бедного»(1920), «В.И. Ленин»(1923).

Ученик И.Е. Репина Илья Гринман был одним из тех художников, которым довелось делать зарисовки Ленина с натуры в кремлевском кабинете. Художник передал в портрете напряженное психологическое состояние политического лидера. Ильич стоит возле рабочего стола, освещенного только лампой. Он заметно ссутулен и как бы придавлен окружающим его полумраком и бременем забот. Он одинок в это мгновение. Вид усталый, даже болезненный. Губы сурово сжаты, ни намека на улыбку. Правая часть лица почти полностью затемнена. Пожалуй, это единственная картина, с которой Ленин смотрит на зрителя, причем этот неотрывный тяжелый взгляд одного видимого глаза не отпускает. Не случайно Гринман упомянул о своеобразном аналитическом "изучении" образа вождя. О чем мог думать Ленин в ночной тиши рабочего кабинета пять лет спустя после революционного переворота? О том, что движение масс, воодушевленных возможностью покончить с социальной несправедливостью, напоминает стремительный поток реки, в котором перемежаются течения холодные и теплые; чистые и мутные, выносящие на поверхность тину бюрократизма и эгоистических интересов. В 1927 г., уже после отъезда художника за границу, издательство «Красной газеты» (Ленинград) выпустило репродукцию портрета Ленина в память 10-й годовщины Октября тиражом 45000 экземпляров.

036

纪念列宁

Ф.S. 伯格罗茨基
1934年
布面油画
123厘米×98厘米

036

Памяти В.И. Ленина

Ф.С. Богородский
1934 г.
Холст, масло
123см×98см

费奥多尔·谢苗诺维奇·伯格罗茨基（1895–1959）是苏联写生画家，俄罗斯苏维埃联邦社会主义共和国功勋艺术家（1946），斯大林奖金二等奖获得者（1946）。1916年3月他应征入伍，被派往彼得格勒海军服役，几个月后转到航空部队，后在莫斯科全俄肃反委员会工作。抵达莫斯科不久之后，他被派往家乡下诺夫哥罗德。1921年10月，他被派往莫斯科参加艺术家工会会议，入选为主席团成员。画家最典型的作品是对内战水兵们的描绘。他的一系列流浪儿的肖像画广为流传。在苏联伟大的卫国战争时期，其创作的作品《光荣属于烈士们》（1945）赢得广泛认可。

伯格罗茨基的这幅油画为"政治静物画"风格。作者借助于成组物品来表现内容，在构图中心：刻有已故领袖面孔的面具，带有"斯大林·列宁主义的问题"字样的书是继承列宁智慧和真理的党的象征。后面的背景是旗帜，在古时便被认为是精神统治者的位置，并且从那时起也被普遍接受为胜利的象征。画面传递了哀悼的庄严气氛。作者在第十七届党代会结束后产生了《纪念列宁》这幅画的创作思维。他在日记中这样写道："我作为唯一的艺术家参加了胜利者们的历史性大会。晚上，当莫斯科河畔区的天空微微发红，青色的薄雾落到莫斯科河面，我走在克里姆林宫的人行小路上，想到：我曾什么都不是，但是我为自己这片粉色的天空战斗过，为克里姆林宫的这些代表大会战斗过。用手中的笔代替勃朗宁手枪，我是艺术家，我38岁，但是我做的太少太少。我应该做得更多，因为我是布尔什维克。"

Богородский Федор Семенович (1895-1959) — советский живописец. Заслуженный деятель искусств РСФСР (1946). Лауреат Сталинской премии второй степени (1946). В марте 1916 он был призван в Петроград на службу во флоте. Через некоторое время ему удалось перейти из экипажа в авиационную часть. В Москве работал в ВЧК. Недолго пробыв в Москве, был направлен на родину — в Нижний Новгород. В октябре 1921 года был командирован в Москву на профсоюзную конференцию художников, где был избран членом президиума. Самые характерные произведения художника — изображения моряков Гражданской войны. Широко известна его серия портретов беспризорных. Во время Великой Отечественной войны создает картину «Слава павшим героям» (1945), заслужившую широкое признание.

Картина Федора Богородского написана в жанре «политического натюрморта». Содержание художник выражает с помощью группы предметов. В центре композиции – посмертная маска, запечатлевшая лицо вождя, переходящего в физическое небытие, книга с надписью «Сталин. Вопросы ленинизма» – символ партии, наследующей мудрость и истину ленинского учения. На заднем плане изображено знамя, еще в античные времена считавшееся местом пребывания духовного объединителя и ставшее с тех пор общепринятым символом победы. В полотне передана торжественная атмосфера траурного величия. Идея написания картины «Памяти Ленина» возникла у художника после XVII съезда партии. Впечатления свои он записал в дневнике: «Я был единственный художник на историческом съезде победителей. Вечером, когда замоскворецкое небо порозовело, и синяя морозная дымка легла по Москве-реке, я иду кремлевскими тротуарами и думаю: Я был ничем. Но я дрался и за это свое розовое небо, и за эти съезды в своем Кремле. Вместо браунинга у меня в руке кисть. Я художник. Мне 38 лет, но я еще очень мало сделал. Но я должен сделать много, потому что я большевик».

037

公开信照片：二月革命事件集会

1917年

037

Фотография на бланке открытого письма. События февральской революции. Митинг

1917 г.

二月革命以群众的自发性冲击为开端,面包暴动、反战集会、游行、彼得格勒工厂罢工,使得成千上万的首都警备军产生不满和骚动,他们加入了走在街头的革命群众队伍。1917年2月27日的总罢工发展成为武装起义,投向起义方的军队占领了城市重要地区和政府大楼。

Февральская революция началась как стихийный порыв народных масс. Хлебные бунты, антивоенные митинги, демонстрации, стачки на промышленных предприятиях Петрограда наложились на недовольство и брожение среди многотысячного столичного гарнизона, присоединившегося к вышедшим на улицы революционным массам. 27 февраля 1917 г. всеобщая забастовка переросла в вооруженное восстание; войска, перешедшие на сторону восставших, заняли важнейшие пункты города, правительственные здания.

038

公开信照片：国家杜马门前的女性集会

Я.В.斯坦伯格
1917年

038

**Фотография на бланке открытого письма.
Митинг женщин у Государственной Думы**

Я.В. Штейнберг
1917 г.

039

公开信照片：二月革命事件集会

1917年

039

**Фотография на бланке открытого письма.
События Февральской революции. Митинг**

1917 г.

040

公开信照片：革命受害者的葬礼

1917年3月23日

040

Фотография на бланке открытого письма. Похороны жертв революции

23 марта 1917 г.

041

涅瓦大街反战游行

1917年4月

041

Колонна демонстрации против войны на Невском проспекте

Апрель 1917 г.

042

电车工人游行，要求将权力转交给苏维埃

1917年4月

042

Демонстрация трамвайщиков с лозунгом о передаче власти Советам

Апрель 1917 г.

043

俄国社会民主工党彼得格勒第一法律委员会

不早于1917年3月

043

Первый легальный Петербургский комитет РСДРП.

1917 г., не ранее марта

044

海军在圣三一桥举行反对临时政府游行，口号是"打倒统治政权"、"打倒米留科夫"

1917年4月21日（5月4日）

044

Демонстрация революционных моряков на Троицком мосту против Временного правительства под лозунгами: "Долой захватную политику", "Долой Милюкова"

21 апреля (4 мая) 1917 г.

045

5月1日列奇金工厂工人在马尔索夫田野耕地

1917年4月17日（5月1日）

045

1 мая на Марсовом поле. Рабочие завода Речкина копают землю

17 апреля (1 мая) 1917 г.

046

普基洛夫工厂青年游行

1917年5月1日

046

Молодежь Путиловского завода на демонстрации

1 мая 1917 г.

047
工人游行

1917年6月18日

047
Демонстрация рабочих

18 июня 1917 г.

048
1917 年十月革命期间在斯莫尔尼宫

Я.В.斯坦伯格
1917年

048
У Смольного в дни Октябрьского переворота в 1917 г.

Я.В. Штейнберг
1917 г.

049

涅瓦大街六月游行

П.А.奥促普
1917年6月18日

049

Июньская демонстрация на Невском проспекте

П.А. Оцуп
18 июня 1917 г.

彼得·阿道尔夫维奇·奥促普（1883–1963）是苏联摄影家，第一代俄罗斯／苏联摄影报道最著名的代表之一。1904 至 1905 年日俄战争的前线上，奥促普成为摄影记者。他最著名的作品是反映 1917 年彼得格勒事件和苏维埃政权初期的照片，其中包括 1918 年 10 月 16 日列宁受伤后疗养恢复的著名写真集。他曾被授予"劳动红旗"勋章（1947）和列宁勋章（1962）。

Оцуп Петр Адольфович (1883-1963) – советский фотограф, один из наиболее известных представителей первого поколения российского/советского фоторепортажа. Становление П.А. Оцупа как фоторепортера произошло на фронтах Русско-Японской войны 1904-1905 гг. Среди наиболее известных работ – снимки событий 1917 г. в Петрограде и первых лет советской власти, в том числе – знаменитая «фотосессия» В.И. Ленина 16 октября 1918 г. по выздоровлении после ранения. Награжден орденом Трудового Красного Знамени (1947) и орденом Ленина (1962).

050

彼得格勒区红卫军

1917年

050

Красная гвардия Петроградского района

1917 г.

051

工人游行

1917年6月18日

051

Демонстрация рабочих

18 июня 1917 г.

052

士兵在掷弹兵团军营的集会，等待列宁到来。

1917年4月17日

052

Митинг солдат в казармах Гренадерского полка в ожидании приезда В.И. Ленина.

17 апреля 1917 г.

053

系列明信片 "伟大的十月革命在莫斯科" 封面

1978年
纸质、彩印
15厘米×22厘米

053

Обложка набора открыток художественных немаркированных. "Великий Октябрь в Москве".

1978 г.
Бумага, печать цветная
15см×22см

054

系列明信片 "伟大的十月革命在莫斯科"
之《工厂集会》

В. Я. 科诺瓦洛夫
1978年
纸质、黑白印刷
10.5厘米×15厘米

054

Открытка из набора открыток
художественных немаркированных.
"Великий Октябрь в Москве", «На
заводском митинге».

В. Я. Коновалов
1978 г.
Бумага, печать черно-белая
10,5 см×15см

055

系列明信片 "伟大的十月革命在莫斯科"
之《1917 年 10 月 27 日（11 月 9 日）红
场上战斗的士兵》

Н. Е. 库兹涅佐夫
1978年
纸质、彩印
10.5厘米×15厘米

055

Открытка из набора открыток
художественных немаркированных.
"Великий Октябрь в Москве", «Бой
солдат-двинцев на Красной площади 27
октября (9 ноября) 1917 г.».

Н. Е. Кузнецов
1978 г.
Бумага, печать цветная.
10,5 см×15см

056

**系列明信片"伟大的十月革命在莫斯科"
之《1917 年 10 月尼基兹基大门战役》**

Ю. И. 皮缅诺夫

1978年

纸质、彩印

10.5厘米×15厘米

056

**Открытка из набора открыток
художественных немаркированных.
"Великий Октябрь в Москве",«Бой у
Никитских ворот. Октябрь 1917 г.»**

Ю. И. Пименов

1978 г.

Бумага, печать цветная

10,5 см×15см

057

**系列明信片"伟大的十月革命在莫斯科"
之《1917 年 10 月在莫斯科尼基兹基林荫
大道》**

В. К. 比亚雷尼茨基－比鲁利亚

1978年

纸质、彩印

10.5厘米×15厘米

057

**Открытка из набора открыток
художественных немаркированных.
"Великий Октябрь в Москве", «Москва в
октябре 1917 года. Никитский бульвар»**

В. К. Бялыницкий-Бируля

1978 г.

Бумага, печать цветная.

10,5 см×15см

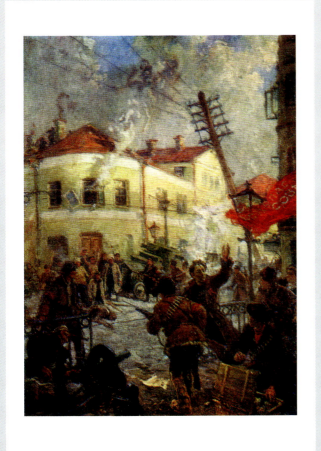

058

系列明信片 "伟大的十月革命在莫斯科"
之《库德林斯基广场战役》

Г. К. 萨维茨基
1978年
纸质、彩印
15厘米×10.5厘米

058

Открытка из набора открыток
художественных немаркированных.
"Великий Октябрь в Москве", «Бой на
Кудринской площади».

Г. К. Савицкий
1978 г.
Бумага, печать цветная
15,0 см×10,5 см

059

系列明信片 "伟大的十月革命在莫斯科"
之《1917 年 10 月奥斯达任卡街上的街垒》

B. C. 穆欣
1978年
纸质、黑白印刷
10.5厘米×15厘米

059

Открытка из набора открыток
художественных немаркированных.
"Великий Октябрь в Москве", «Баррикада
на Остоженке. Октябрь 1917 г.».

B. C. Мухин
1978 г.
Бумага, печать черно-белая
10,5см×15см

060

系列明信片 "伟大的十月革命在莫斯科" 之 "克鲁巴特金街 7 号建筑物上的浮雕"

B. C. 穆欣
1978年
纸质、黑白印刷
15厘米×10.5厘米

060

Открытка из набора открыток художественных немаркированных. "Великий Октябрь в Москве", Горельеф на здании № 7 по Кропоткинской ул.

B. C. Мухин
1978 г.
Бумага, печать черно-белая
15см×10,5см

061

系列明信片"伟大的十月革命在莫斯科"之《红军进入克里姆林宫》

B. H. 梅什科夫
1978年
纸质、彩印
10.5厘米×15厘米

061

Открытка из набора открыток художественных немаркированных. "Великий Октябрь в Москве", «Вступление Красной гвардии в Кремль».

B. H. Мешков
1978 г.
Бумага, печать цветная.
10,5 см×15см

062

系列明信片"伟大的十月革命在莫斯科"之《伏龙芝率领红军在大都会酒店附近战斗》

H. A. 舍别尔斯托夫
1978年
纸质、彩印
10.5厘米×15厘米

062

Открытка из набора открыток художественных немаркированных. "Великий Октябрь в Москве", «Красногвардейцы во главе с М.В. Фрунзе ведут бой у гостиницы "Метрополь"».

H. A. Шеберстов
1978 г.
Бумага, печать цветная
10,5 см×15см

063

系列明信片"伟大的十月革命在莫斯科"
之《1917 年 10 月在莫斯科》

В. Н. 梅什科夫
1978年
纸质、彩印
10.5厘米×15厘米

063

Открытка из набора открыток
художественных немаркированных.
"Великий Октябрь в Москве", «Октябрь
в Москве 1917 г.».

В. Н. Мешков
1978 г.
Бумага, печать цветная
10,5 см×15см

064

系列明信片"伟大的十月革命在莫斯科"
之《克里姆林宫突击》

Р. Г. 卡列洛夫
1978年
纸质、彩印
10.5厘米×15厘米

064

Открытка из набора открыток
художественных немаркированных.
"Великий Октябрь в Москве", «Штурм
Кремля».

Р. Г. Горелов
1978 г.
Бумага, печать цветная
10,5 см×15см

065

系列明信片"伟大的十月革命在莫斯科"
之《1917 年 11 月 2 日（15 日）革命军进
入莫斯科克里姆林宫尼古拉大门》

К. Ф. 尤恩
1978年
纸质、彩印
10.5厘米×15 厘米

065

Открытка из набора открыток
художественных немаркированных.
"Великий Октябрь в Москве", «Вступление
в Кремль революционных отрядов. Москва.
2 (15) ноября 1917 г. Никольские ворота».

К. Ф. Юон
1978 г.
Бумага, печать цветная
10,5 см×15см

066

系列明信片"伟大的十月革命在莫斯科"
之《红军进入克里姆林宫》

Э.Э. 里斯涅尔
1978年
纸质、彩印
10.5厘米×15厘米

066

Открытка из набора открыток
художественных немаркированных.
"Великий Октябрь в Москве", «Вступление
Красной Гвардии в Кремль».

Э.Э. Лисснер
1978 г.
Бумага, печать цветная
10,5 см×15см

067

系列明信片"伟大的十月革命在莫斯科"
之《红军保卫克里姆林宫》

В. 卡诺瓦洛夫
1978年
纸质、彩印
10.5厘米×15厘米

067

Открытка из набора открыток
художественных немаркированных. "Великий
Октябрь в Москве", «Красногвардейцы на
охране Кремля».

В. Коновалов
1978 г.
Бумага, печать цветная
10,5см×15см

068

系列明信片"伟大的十月革命在莫斯科"
之《伊维尔斯基大门旁的卫兵》

А. Г. 罗曼诺夫
1978年
纸质、黑白印刷
15厘米×11厘米

068

Открытка из набора открыток
художественных немаркированных.
"Великий Октябрь в Москве", «Караул у
Иверских ворот».

А. Г. Романов
1978 г.
Бумага, печать чёрно-белая
15см×11см

069

系列明信片 "伟大的十月革命在莫斯科" 之《克里姆林宫第一炮》

В. Н. 梅什科夫
1978年
纸质、彩印
10.5厘米×15厘米

069

Открытка из набора открыток художественных немаркированных. "Великий Октябрь в Москве", «Первый выстрел по Кремлю».

В. Н. Мешков
1978 г.
Бумага, печать цветная
10,5см×15см

С ВЕЛИКИМ ПРАЗДНИКОМ, ТОВАРИЩИ!

第 二 部 分
人 民 的 纪 念

Раздел II Народная память

按照传统，为庆祝十月革命纪念日会创作出很多海报。在欢庆这个苏维埃国家最重要的节日时，海报会出现在街头、企业和各个机构。十月庆典的海报内容丰富，主题多种多样。艺术家们用极具张力的视觉图像和积极的结构处理，通过最大的语言表现力和极度的清晰性，使海报成为苏联历史大事件的大众宣传工具。这些呈现不同时期反映十月革命热情和革命意向的宣传海报，也显示了自十月革命之后苏联历史的重要里程碑。

本部分还将呈现来自帕列赫、费多斯基诺和姆斯捷拉大师们的微型艺术涂漆彩画作品。它们都有自己的风格特征和艺术手法，其中展示的作品大多数都与列宁有关——他是各类漆画艺术家创作中最复杂的形象之一。

Традиционно, к различным годовщинам Октябрьской революции создавалось множество плакатов. Они появлялись на улицах, предприятиях и учреждениях во время празднования главного праздника страны Советов. Тематика и содержание плакатов многообразны, художники используют красноречивый зрительный образ и активное композиционное решение. Плакаты имеют максимальную языковую выразительность и предельную ясность. Главная цель - стать массовым средством художественной пропаганды основных событий советской истории. В экспозиции будут представлены плакаты, которые в разное время отражали стремления Октябрьской революции, а также отражали важные вехи советской истории, начавшейся с Октябрьской революции.

В этом разделе представлены произведения художественной лаковой миниатюры мастеров Палеха, Федоскино, Мстеры. У каждого из этих творческих очагов есть свои стилистические особенности, художественные приемы, свой почерк. Большинство представленных работ посвящены В.И. Ленину – одному из самых сложных образов в творчестве художников лаковой живописи всех направлений.

第二部分　人民的纪念

奥尔加·吉塔硕娃

Раздел II　Народная память

Ольга Киташова

本部分展览展示的是苏联政治海报，这些海报显示了自十月革命之后苏联历史的重要里程碑。

海报的特点在于能用其细小但极具张力的视觉图像涵盖最大的思想意义，通过有效且有重点的结构处理，将语言最大程度地表述和表现出来，因而成为苏联历史大事件的大众宣传工具。

十月革命后的头几年以大量艺术家走向街头，走向广场而出名，诗人弗拉基米尔·马雅可夫斯基称之为"艺术走向街头！"它还有一个格言式表达："街头——我们的画笔，广场——我们的调色板。"海报成为这几年最有趣且最重要的艺术宣传作品之一。在早期纪念十月革命的海报中，通常使用不同的象征符号和表达新的寓意，比如地平线上升起的太阳，耀眼的彩虹，飞驰的蒸汽机车，带有烟囱的工厂等。丰富多彩的海报还促进了苏联徽章新标志的普及——锤子和镰刀；红星——红军的象征；红旗——新的国旗。

早期海报的革命主题是表现勇敢精神，十月革命之后的海报则展现了底层人民的生活态度，他们感到成为了国家的主人。

最初的苏联海报是用来在社会认知中，确立人的新价值。它主要的功勋在于宣传充满革命英雄主义的劳动。

展览展出的1919年的海报，为艺术家探索五一劳动节新形象提供了新概念。十月革命胜利之后的五一节任务是颂扬胜利的无产阶级革命英雄，表现阶级团结和为光明未来而斗争的社会激情。在使用源于

В экспозиции раздела представлены советские политические плакаты, отразившие важные вехи советской истории, начавшейся с Октябрьской революции.

Именно плакат, специфика которого требует максимальной смысловой напряженности в скупом, но красноречивом зрительном образе, активного и целеустремленного композиционного решения, предельной ясности и выразительности языка, призван был стать массовым средством художественной пропаганды основных событий советской истории.

Первые годы после Октября ознаменовались массовым выходом художников на улицы и площади. Лозунгу «Искусство на улицу!» поэт Владимир Маяковский придал афористичное выражение: «Улицы – наши кисти, площади – наши палитры». Одним из интереснейших и значимых произведений агитационного искусства в эти годы стал плакат. В ранних плакатах, посвященных годовщинам Октября, часто использовались различные символы и новые аллегории – поднимающееся над горизонтом солнце, сияющая радуга, несущиеся на всех парах локомотивы, фабрики и заводы с дымящимися трубами и т. д. Одновременно красочные агитационные листы участвовали в популяризации новых символов советской геральдики – Серпа и Молота; Красной звезды – эмблемы Красной Армии; Красного знамени как нового государственного флага.

В ранних советских плакатах тема революции звучала героически. Плакаты послереволюционных лет отражали мироощущение низов, почувствовавших себя, хозяевами страны.

С самого рождения советский плакат был призван утверждать в общественном сознании новую оценку человека. Главной его доблестью провозглашался труд, полный революционного героизма.

На выставке представлен плакат 1919 г., дающий представление о поиске художниками новой иконографии праздника 1 Мая.

法国大革命时期雅各宾派传统和代表"生于斗争"的传统符号、红色旗帜的同时，早期的苏联政治海报中，还广泛使用地球和断裂的锁链形象。对于艺术家来说，最难的就是如何将工人阶级形象延伸到布尔什维克革命和世界历史的英雄形象。阿普希特的海报中，主角穿着宽大敞怀的红色工作衫，这是思想纯洁和无私的象征。（图1）

革命之后的宣传画中的主人公变成了那些将劳动看作创造一样的人们，此时期出现了成千上万宣传星期六义务劳动、先进生产者运动、社会主义竞赛的海报。有趣的是，这些宣传画主题却是由那些远离政治的艺术家们定义的。宣传画《全俄星期六义务劳动——水路交通重建》的作者是彼得罗夫-沃德金，这位大师在革命之后响应社会倡议，开始创作歌颂声势浩大、发展迅速的工业改革的海报。

专家们根据列宁生活事迹创造了7幅列宁形象海报，其中一幅将在展览上展示。海报中使用领袖的形象成为他们政治方向的指向标。1920年，宣传画中展现公认

Задачей Первомая после победы Октябрьской революции стало возвеличивание революционной героики победившего пролетариата, демонстрация классовой солидарности и общественного энтузиазма в борьбе за светлое будущее. Наряду с использованием традиционного символа, красного знамени, уходящего корнями в якобинскую традицию Французской революции и означавшего «рождение в борьбе», в раннем советском политическом плакате широко используются образы земного шара и разорванных цепей. Наибольшую трудность для художников представляло раскрытие образа рабочего класса как героической общности большевистской революции и мировой истории. На плакате художника Апсита главный герой изображен в широко распахнутой красной рабочей блузе (символ чистоты и бескорыстия помыслов). (Картина 1)

Главным героем послереволюционных плакатов, стал человек умевший понимать труд как творчество. Тысячи плакатов были посвящены коммунистическим субботникам, движению ударников, социалистическому соревнованию. Интересно, что дань этой теме отдавали даже художники, далекие от политики. Автор плаката «Всероссийский субботник — путь к возрождению водного транспорта» Кузьма Петров-Водкин. Социальные инициативы послереволюционного времени, побудили этого большого мастера создавать плакаты, которые становились гимном грандиозному размаху и бешеным темпам индустриальных преобразований.

По подсчетам специалистов при жизни В.И. Ленина было издано 7 плакатов с его изображением. Один из них представлен на выставке. Использование в плакате изображения вождей становилось знаком их политической направленности. Подкрепление зрительного образа и лозунга плакатов непререкаемым авторитетом вождя уже в 1920-е гг. превращается в ритуал. Несмотря на различия живописных приемов в трактовке образа все они свидетельствуют, что еще при жизни Ленин превратился в легенду. Романтики революции превращали Вождя в символ воли и крепости революционного класса. С конца 1920-х гг. стало нормой «все содержание советской действительности, все важнейшие проблемы экономики, политики,

的、权威的领袖视觉形象和标语成为一种风气。尽管绘画方式存在差异，但所有对列宁形象的描绘都表明，生活中的列宁已经成为一个传奇。革命理想主义者把领袖变为革命阶级意志力和顽强的象征。从20世纪20年代末开始，将苏联所有运动的内容、所有最重要的经济、政治、科学、文化、社会建设的实践问题与列宁名字相联系已经成为标准。宣传画家们被规定要用艺术语言来展现这一标准。 （图2）

第二部分的展品还讲述了苏联政治海报参与了在大众社会意识中社会主义国家保卫者形象和价值的形成。经历过20世纪两次世界大战以及大大小小的武装冲突的俄罗斯人都知道，战争——无论何时都是人们最沉重的灾难。每一场战争的目的都是胜利，但若是没有全体国民尤其是军队的内在精神和意志，胜利就不可能实现。苏联政治海报迅速成为真正进行大众宣传和政治教育的手段、捍卫苏联政权的有效

науки, культуры, практики социалистического строительства» связывать с именем Ленина. Художникам-плакатистам было предписано перевести эту норму на художественный язык. (Картина 2)

Экспозиция выставки рассказывает о том, как советский политический плакат участвовал в формировании в массовом общественном сознании образа и ценностей защитника Социалистического Отечества. Война — всегда самая тяжелая беда для людей. Это знали все поколения россиян, переживших в XX веке две мировые, гражданскую войны, множество больших и малых вооруженных конфликтов. Целью любой войны является Победа, а достичь ее невозможно без определенного морально-психологического состояния населения страны в целом и ее армии в частности.Советский политический плакат сразу же стал подлинно массовым средством агитации и политико-просветительной работы, эффективным оружием в борьбе за Советскую власть. О значении, которое новая власть придавала плакатной пропаганде, говорит хотя бы тот факт, что транспортировка политических агитационных плакатов приравнивалась к

图2
国际无产阶级领袖——列宁

М. В. 乌沙科夫—波斯科琴
1925年
纸质、凹版印刷
68.7厘米×80.5厘米

Картина 2
Ленин - вождь международного пролетариата

М. В. Ушаков-Поскочин
1925 г.
Бумага, печать глубокая
68,7см×80,5см

图3
十月革命给工人和农民带来了什么？（局部）

画家不详
1920年
多色石印
107厘米×67.8厘米

Картина 3
Что дала Октябрьская революция работнице и крестьянке? (частная)

Неизвестный художник
1920 г.
Литография многоцветная.
107см×67.8см

武器。新政权认为，海报的宣传具有重要意义，事实是：政治宣传海报的传输作用已等同于紧急军需品的送达。

俄罗斯哲学家安德烈·普拉东诺夫于1941年写下名言，"生孩子只是一次性的，但保护他免受敌人侵害和死亡是长期的"，"在我们国家，母亲和战士的概念是相近的"，两者都是为了保护孩子远离死亡。在伴随着战争和革命，以及社会和经济冲击下，孩子总是无依无靠的。十月革命后，保护儿童远离内战的灾难几乎立刻成为苏联政权的重要政治任务。"城乡妇女无产阶级"中，苏联政权在组织寻求支持活动时，政党用"自由俄罗斯"的口号宣布保卫妇女，政治性海报为推动这个口号传播起了一定的作用。20世纪20年代初之前，苏联的宣传海报中很少能看到女性的身影。20世纪初的艺术家们摒弃了神话中粗俗的女性形象和广告及公益海报中优美的女主角形象，一直在寻找积极参与共产主义新生活建设的直观女性形象。这种形象自1920年的作品中开始出现。 （图3）

创作于20世纪20至30年代的宣传画，以促进国际无产阶级团结、揭露反革命阶级不断成长的军国主义和法西斯主义为主题，旨在支持全世界社会主义革命的期

доставке срочных военных грузов.

«Рождается ребенок лишь однажды, но оберегать его от врага и от смерти нужно постоянно», – это выражение русского философа А.Платонова, писавшего в 1941 г., что «в нашем народе понятия матери и воина родственны» — оба хранят ребенка от гибели. Дети всегда беззащитны перед социальными и экономическими потрясениями, сопровождающими войны и революции. Защита детей от катастрофических последствий Гражданской войны стало важной политической задачей Советской власти почти сразу после Октября. В поисках поддержки мероприятий Советской власти у «женского пролетариата города и деревни» партия объявила охрану материнства лозунгом свободной России. Определенная роль в популяризации этого лозунга отводилась политическому плакату. До начала 1920-х гг. в советском плакате редко можно было встретить фигуру женщины. Художники, отказавшись от лубочных сказочных женских образов и элегантных героинь рекламных и благотворительных плакатов начала XX в., искали визуальное воплощение женщины, активной участницы строительства новой коммунистической жизни. Образ был найден лишь в 1920 г. (Картина 3)

Плакаты, созданные в 1920-е – 1930-е гг., были призваны поддержать ожидания мировой социалистической революции. Их основными темами были международная пролетарская солидарность, разоблачение контрреволюционных классов, растущего милитаризма и фашизма. От плакатистов требовали показывать «упорную подготовку революции, крепкое руководство пролетарской партии, вооруженной революционной теорией». В экспозиции представлены октябрьские плакаты, прославлявшие советское государство. В символах плаката — пафос революционных устремлений: максимализм, одержимость вселенскими идеалами. Политические плакаты разными художественными приемами пропагандировали ритуалы октябрьских праздников, назначением которых было всеобщее выражение гражданской приверженности ценностям революции.

Торжество духа и силы народа, одолевшего фашизм – главная идея, объединяющая представленные плакаты. Начавшаяся война внесла поправки в

望。海报被要求展示"顽强的革命训练，用革命理论武装无产阶级政党强有力的领导"。展览中展示了颂扬苏维埃政府的十月革命海报。海报中的标志，表现了对革命志向的热情和对马克思主义、全世界理想主义的信仰。政治海报以各种不同艺术表现手法宣传了纪念十月节日的仪式，其作用就是体现国民对革命价值的忠诚。

反法西斯主义战争的胜利是人民精神和力量的胜利。在卫国战争时期，这是系列海报所表达的中心思想。战争开始后，战前敌人复杂的形象开始清晰，真实的敌人让人想起精心调整好的机械，排山倒海般滚动的钢筋。轻松获胜的心情很快被战争第一阶段的灾难性失败所打消，人们认识到这场斗争将是漫长而艰难的。苏联的思想体系使得在国家困难时期利用宣传画的直观性和其他大众宣传工具动员人民成为可能。展览中展示了1941年的宣传画，这些宣传画的内容本身就是标志性的口号，旨在创建苏联人民核心价值观和行为规范。叶菲莫夫创作的《为祖国，为斯大林!》（图4）就是战争期间具有如此意义的宣传口号之一。莫斯科反攻战后，军队的心理发生了变化，军队学会了战胜德军。这期间，战争意识形态的形式发生了变化。战争影响到了每个苏联公民，全民爱国传统被激发起来。海报变成了个人对敌人进行复仇的视觉形象，国土的解放被看作是祖国母亲职责的回归。

一起展出的其他作品，托伊泽的《祖国母亲在召唤!》（图5）和柯列茨基的《我们的力量无穷无尽!》，证明了在伟大的卫国战争初期，苏维埃政权意识到，要将爱国主义同共产主义一起作为国家意识形态的基础，于是思想引导发生很大转变。这些海报本身也成为几十年来在大众心目中保护社会主义祖国的固定象征。

自20世纪50年代中期以来，每次十月革命周年前必用口号"党和人民——团结一致"，这一口号在斯大林去世后、第

图4
为祖国，为斯大林!

А.А.叶菲莫夫
1941年
纸质，彩色石印
70.3厘米×51.2厘米

Картина 4
За родину, за Сталина!

А.А. Ефимова
1941 г.
Бумага, хромолитография
70,3см×51,2 см

сложившийся в предвоенные годы образ врага. Реальный враг напоминал хорошо отлаженную машину, катившуюся стальной обезличенной лавиной. Катастрофические поражения первого этапа войны, стремительно рассеявшие настроения легкой победы, привели к осознанию, что борьба будет длительной и тяжелой. Идеологи СССР в трудные для страны дни сумели мобилизовать силы народа, используя среди других агитационно-массовых средств и наглядность плаката. На выставке представлены плакаты 1941 года, содержавшие лозунги-символы, призванные внедрить в сознание советских людей ключевые ценности и модели поведения. Одним из символов, имевшим одинаковую значимость на всем протяжении войны был лозунг «За Родину! За Сталина!» (Картина 4). Психологический перелом в настроении наших войск начался после контрнаступления под Москвой, когда Армия научилась побеждать немцев. В это время изменяется и идеологическое оформление войны. Война, затронувшая каждого советского человека, заставила обратиться к национально-патриотическим традициям. Плакаты становились зрительным образом личного счета мести врагу. Освобождение родной земли осознавалось как возвращение долга Матери-Родине.

Выставленные рядом работы: «Родина-мать зовет!» худ. И. Тоидзе (1941) (Картина 5),

图5
祖国母亲在呼唤!（局部）

И. М.托伊泽
1941年
纸质、彩印
105厘米×73厘米

Картина 5
Родина - мать зовёт! (частная)

И. М. Тоидзе
1941 г.
Бумага, печать цветная
105см×73 см

二十次代表大会决议后具有特殊的意义。这时它又成为列宁形象树立起来的主要标志。（图6）

革命主题被简化为带有苏联政府标志的图解游戏，为20世纪80年代海报的特点，在这一系列中，沙胡诺夫于1987年改革期间创作的《希望的革命》尤为出众。似乎艺术家也具有苏联政治海报的典型特征，而位于砧石火焰之上的国家标志被理解为"十月革命下诞生的联盟"即将分崩离析。（图7）

本部分还将呈现历史博物馆收藏的苏联艺术家制作的微型漆制品。微型漆制品发源于中国，17世纪，随着与东部国家的贸易往来，在俄罗斯出现了彩绘托盘、扇子和屏风。彼得一世时期，彼得宫使用了94幅中式漆版画作为装饰，很快俄罗斯艺术科学院开始教授漆工艺。十月革命之前，在莫斯科和圣彼得堡附近很多地方有此类手工工厂，但在苏联时期，微型漆制

«Наши силы неисчислимы» худ. В. Корецкого (1941) свидетельствуют о радикальной подвижке идеологических ориентиров в начале Великой Отечественной войны, когда власть наряду с коммунизмом признала опорой государственной идеологии — патриотизм. Эти плакаты сами стали устойчивыми символами, в течение многих десятилетий утверждавших в народном сознании идею защиты Социалистического Отечества.

С середины 1950-х гг. ни одна Октябрьская годовщина не обходилась без лозунга «Народ и партия – едины», который приобрел особое звучание после смерти Сталина и решений XX съезда, пережитых массами советских людей как космическая катастрофа. В это время снова в качестве главного символа утверждается образ Ленина. (Картина 6)

Особенностью плакатов 1980-х гг. стал лаконизм, сводящий тему революции к графической игре с эмблемой Советского государства. В этом ряду выделяется лист Шахунова, созданный в 1987 г. в разгар перестройки, называемой сегодня «революцией надежд». Художник, как будто, тоже играет с классическими атрибутами советского

图6
光荣属于列宁的党，光荣属于英雄，属于人民，属于创造者

К.К. 伊万诺夫
В. М. 布里斯金
1957年
纸、布、胶印
71.8厘米×123厘米

Картина 6
Слава Ленинской партии. Слава народу-герою, народу-созидателю

К.К. Иванов
В. М. Брискин
1957 г.
Бумага, ткань, офсет
71,8см×123 см

图7
十月革命下诞生的联盟

С.А.沙胡诺夫，А.巴宾科，
В.阿科皮扬
1987年
纸质、胶印
96.5厘米×66.9厘米

Картина 7
Союз, рождённый Октябрём

С.А.Шахунов, А. Бабенко,
В. Акопян
1987 г.
Бумага, печать офсетная
96,5см×66,9см

品的生产主要集中在四个中心：费多斯基诺，帕列赫，霍鲁伊和姆斯捷拉。1919年4月25日由列宁签署的全俄中央执行委员会和苏维埃人民委员会法令《关于采取措施促进手工业》在工艺美术的发展中发挥了重要作用。根据此法令，"在组织手工业者和工匠的劳动生产协会和合作社中，地方政府需充分合作和负责。"

每个发源地都有自己的风格特征和艺术手法，其中展示的作品大多数都与列宁有关——他是各类漆画艺术家创作中最复杂的形象之一。

"帕列赫工艺亦是革命创造出来的小奇迹之一"，高尔基曾这样写到。1923年，帕列赫艺术微型漆制品派在圣像画的基础上出现。它们的首批试验性微型作品就在1923年的第一届全俄农业和手工业展览会上获得赞赏和认可。

在深入学习和研究古画传统的基础上，帕列赫微型漆制品逐步形成了自己的独特风格。对于帕列赫工匠来说，工艺的特殊性在于使用漆的水胶原料（稀释了胶液和蛋黄的彩色颜料），在黑色背景下

политического плаката, однако, эмблема государства, помещенная на разогретую огнем наковальню, воспринимается как образное прозрение близкого распада «Союза, рождённого Октябрём». (Картина 7)

В экспозиции этого раздела выставки представлены ещё произведения из коллекции Советской художественной лаковой миниатюры Исторического музея. Родиной лаковой миниатюры является Китай. В России благодаря торговле с восточным государством расписные подносы, веера и ширмы появились в XVII в. При Петре I петергофский дворец Монплезир украсили 94 лаковых панно «под Китай», а вскоре лаковое дело стали преподавать в Академии художеств России. До революции в окрестностях Москвы и Петербурга работало множество мастерских, но в советское время производство художественной лаковой миниатюры было сосредоточено в четырех центрах: Федоскино, Палех, Холуй и Мстёра. Важную роль в развитии художественных промыслов сыграл Декрет ВЦИК и СНК «О мерах содействия кустарной промышленности», подписанный В.И. Лениным 25 апреля 1919 г. Согласно этому Декрету местным органам власти вменялось в обязанность «оказывать всяческое содействие кустарям и ремесленникам в деле организации их трудовых производственных объединений и артелей».

У каждого из этих творческих очагов есть свои стилистические особенности, художественные приемы, свой почерк. Большинство представленных работ посвящены В.И. Ленину – одному из самых сложных образов в творчестве художников лаковой живописи всех направлений.

«Палехское мастерство тоже еще одно из маленьких чудес, созданных революцией», – писал А. Горький. Палехская школа художественной лаковой миниатюры возникла в 1923 г. на основе иконописного промысла. Их первые пробные миниатюры получили одобрение и признание уже в 1923 г. на первой Всероссийской сельскохозяйственной и кустарно-промышленной выставке.

Постепенно создался неповторимый стиль палехской лаковой миниатюры, основывающийся на изучении и глубокой переработке наследия древней живописи. Для мастеров Палеха характерна работа

加入局部鲜亮的颜色来作为整体的彩色部分。帕列赫微型漆制品融入圣像画的艺术手法和原则，所描绘的人物平整度和伸长率独特的视觉概念、组合物的叙事本质表达场景，以及树木的原始形态，这些融为一个整体，都在微型漆制品的组合中起了重要的作用。浓密的金色晕线，以及金色沟边的复杂图案，加强了帕列赫作品的庄重和装饰性。（图8）

展览展出了第三代、第四代帕列赫画派艺术家的作品，他们吸取了前辈的丰富经验。库兹涅佐夫和佩斯科夫的作品，以革命为主题，通过对历史事件的创造性理解，采用了复杂的多图组合方式。这些作品以精湛的绘画技巧，大胆的人物题材和

темперными красками (цветные пигменты, разведенные на клею и яичном желтке) по лаку, яркие локальные краски наносятся на черный фон, который входит в композицию как его цветовая часть. Палешане перенесли в лаковую миниатюру художественные приемы и принципы иконописи, отсюда уплощенность и удлиненность изображаемых фигур, своеобразное понятие перспективы, повествовательный характер композиций, выраженный в разработке клейм (боковых сцен), а также оригинально решенные формы деревьев, кустарников, строений, которые в миниатюре играют важную роль, связывая композицию в единое целое. Обилие золотой штриховки, а также сложный узор, выполненный твореным золотом по краю композиции, придают палехским произведениям особую торжественность и декоративность.(Картина 8)

图8
盒子："激情年代"（盒面图）

A.C. 佩斯科夫
1969年
纸板、胶画颜料、金、漆、小型彩画
6厘米×27厘米×20厘米

Картина 8
Шкатулка. "Пламенные годы" (план)

А.С. Песков
1969 г.
Папье-маше, темпера яичная, золото, лак, миниатюра лаковая
6см×27см×20см

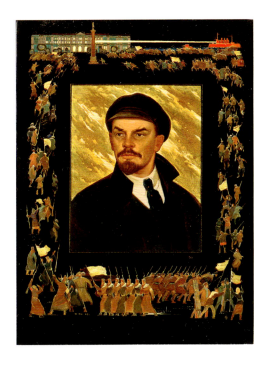

图9
十月·1917

В.Н.弗罗洛夫
1968年
纸板、水胶颜料、漆、小型彩画
18,8厘米×14厘米

Картина 9
Октябрь. 1917

В.Н. Фролов
1968 г.
Папье-маше, масло, лак,
миниатюра лаковая
18,8см×14см

В экспозиции выставки представлены произведения художников, относящихся к третьему и четвертому поколению палехских миниатюристов, впитавших в себя весь богатый опыт своих предшественников. Произведения Кузнецова и Пескова, созданные на темы революции, – это сложные многофигурные композиции, основанные на творческом осмыслении исторических событий. Эти произведения отличают виртуозность исполнения, а также смелое использование иконографических сюжетов и символов. Динамичный, экспрессивный живописный язык Палеха оказался очень уместным для описания стремительных перемен, происходивших в стране.

Подмосковное село Федоскино считается «Родиной российских лаков»: производство, основанное купцами Лукутиными, возникло еще в 1795 г. Для федоскинской школы живописи характерна реалистическая манера письма; миниатюра, как правило, выполняется на черном фоне, она всегда хорошо приписана к фону смягченными тонами по краю миниатюры, четко выделяется центр композиции. Эффектным приемом федоскинской живописи является письмо «по сквозному» (живопись прозрачными красками на перламутре, сусальном золоте и серебре). Революционные события 1917 г. в России, грандиозные социально-экономические преобразования необычайно разнообразили сюжетный ряд федоскинских произведений. Произведения федоскинской ленинианы, представленные на выставке, выполнены ведущими мастерами пейзажа, сюжетной миниатюры, портрета. (Картина 9)

Федоскинские художники-пейзажисты побывали во многих местах, связанных с жизнью и деятельностью В.И. Ленина. Часто миниатюрист, работающий над образом В.И. Ленина, стремится выйти за рамки определенного жанра, работать на стыке жанров. В традиционный федоскинский пейзаж органично вписывается изображение В.И. Ленина.

Следуя примеру Палеха, в 1930 году лаковое производство наладила Мстера – еще один иконописный центр дореволюционной России. Мстерские мастера славились как непревзойденные имитаторы древних иконописных школ. Вместе с тем художники

标志的使用而著称。帕列赫灵活且富于多变的绘画语言对于描述一个迅速变化的国家来说是非常适合的。

位于莫斯科近郊的费多斯基诺村被认为是"俄罗斯漆制品的故乡"。1795年，生产商卢谷金便在这里开始了生产。费多斯基诺绘画学校采用现实主义绘画风格，创作的小型彩画通常在黑色背景上完成，并总能以温和的色调在作品的中心展现出来。透光"画法"是费多斯基诺作品中一种生动的绘画手法（用透明的颜料在珍珠铂金和银上作画）。俄国1917年革命事件，宏大的社会经济变革场面使费多斯基诺作品的主题更加多样化。展览上展现的描写列宁生平的费多斯基诺作品由杰出工匠们完成，他们创造了风景、微型漆制品和画像的主题。（图9）

费多斯基诺的风景画家们到过很多与列宁生活及工作相关的地方。致力于研究列宁形象的小型彩画画家力求打破固定模式，融汇各种风格。传统的费多斯基诺风景画中的列宁形象是固有不变的。

以帕列赫作品为榜样，1930年作为俄罗斯革命前圣像画的中心之一——姆斯捷

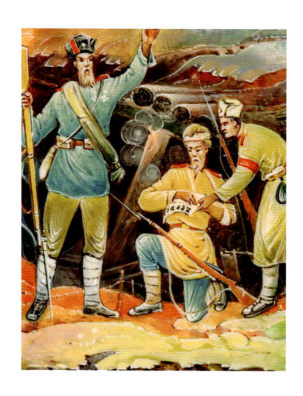

图10
盒子："和平法令"（盒面图局部）

В.И. 卡尔萨科夫
1969年
纸板、水胶颜料、漆、小型彩画
4厘米×9.2厘米×7.1厘米

————————————————

Картина 10
Шкатулка. "Декрет о мире" (план частный)

В.И. Корсаков
1969 г.
Папье-маше, темпера, лак, миниатюра лаковая
4см×9.2см×7.1см

拉促进了漆制品的生产。姆斯捷拉的工匠们被誉为最完美的古圣像画学派模仿者，同时艺术家们寻求着主人公位于自然景致中的图像。其画派的特点是色彩温暖，色调柔和，景观背景深远，是空间与人的现实写照。绘画明亮且欢乐，画中不使用黑色为底色。白云、蓝河和绿树——些许童话般、些许象征性的自然风光在姆斯捷拉的微型漆画中占主导角色。金粉绘制的精美图案常含有蓝色和绿色等补色，通常用在盒盖部分来装饰微型图。（图10）

微型漆制品是现代大事件的尖锐和清晰的反映，其艺术对现实反应更快、更迅速，已能够与歌曲相比。当国家和社会的转折期将至之时，为了加强道德和思想间的纽扣，当意识形态作为政治和社会生活中最重要的工具，回顾过去是非常重要的。这些苏联漆制微型制品就是其中工具之一。（图11）

стремились к картинному изображению, где персонажи располагались в самой пейзажной среде. Для их школы характерны теплота и живописная мягкость колорита, глубина пейзажных фонов, реалистическое изображение пространства и человека. Живопись светла и празднична, в ней исключено использование черного цвета как фона. Ведущую роль в мстерской миниатюре играет пейзаж – немного сказочный, немного условный, с белыми облаками, синими реками, зелеными деревьями. Тонкий орнамент, выполненный твореным золотом, часто включает дополнительный цвет (например, голубой или зеленый) и, как правило, помещается на крышке шкатулки, обрамляя миниатюру. (Картина 10)

Работа лаковых миниатюристов – это «острое и четкое отражение волнующих событий современности», их искусство «по быстроте, оперативности отклика способно соперничать с песней». Когда наступает переломное время для государства и общества, когда для их укрепления необходимы нравственные и идеологические «скрепы», очень важно обратиться к прошлому времени, когда идеология выступала одним из важнейших инструментов политической и общественной жизни. Одним из таких инструментов являлись агитационные образы в советской лаковой миниатюре. (Картина 11)

图11
沿列宁之路

А.В. 卡瓦列夫
1970年
纸质、水彩画
9.5厘米×6.5厘米

————————————————

Картина 11
По Ленинскому пути

А.В. Ковалев
1970 г.
Бумага, акварель
9.5см×6.5 см

070

1918 年 11 月 7 日，起来吧，劳动人民！

Г.Ф. 泽依列尔
1918年
纸质、彩印
103.5厘米×69厘米

　　1918 年，泽依列尔以分裂社会、燃烧旧世界的闪电描述了革命。在席卷全国大规模运动中产生了新世界，新世界的艺术家让无产阶级成为国家的新标志——新国家的勇士和象征。

070

7 ноября 1918 года. Вставай, подымайся рабочий народ!

Г.Ф. Зейлер
1918 г.
Бумага, ткань, печать цветная
103,5см×69см

　　Г. Зейлер в листе 1918 г. изобразил революцию в виде раскалывающей общество молнии, выжигающей старый мир. Из смуты, охватившей страну, стихии массового движения рождался новый мир, символами которого художник сделал пролетария – рыцаря и эмблему нового государства.

O71

红骑士与黑暗力量的斗争

Б. В. 兹沃雷金
1919年
纸质、彩色石印
105.3厘米×69.2厘米

O71

Борьба Красного рыцаря с темной силою

Б. В. Зворыкин
1919 г.
Бумага, литография многоцветная
105.3см×69.2см

鲍里斯·瓦西里耶维奇·兹沃雷金（1872– 不早于 1935 年）是版画家、写生画家。他幼时就喜爱绘画，深受版画家波列诺娃和写生艺术家瓦斯涅佐夫影响。1898 年开始，他为瑟金、马蒙托夫、克内贝尔（莫斯科）、马尔克思、莱温松（圣彼得堡）的出版物和书籍画插画。他是罗斯艺术复兴协会创办成员（1915–1917），1910 年在辛菲罗波尔绘饰教堂并参与了费多罗夫斯基大教堂的装饰工作。1918 至 1919 年，他给杂志《红军战士》绘制封面，完成了文选《创作》和福尔热尼的书籍《谚语和俗语中的古罗斯》排版工作。他创作的这幅《红骑兵与黑暗力量斗争》宣传画，描绘了骑着战马，身着铠甲手拿锤子打击敌人的工人，是一幅富有寓意的祖国保卫者宣传画。

Зворыкин Борис Васильевич (1872- не ранее 1935), график, живописец. Рано увлекся рисованием, испытал влияние графики Е.Д.Поленовой и живописи В.М.Васнецова. С 1898 иллюстрировал и оформлял книги для издательств И.Сытина, А.Мамонтова, И.Кнебеля (Москва), А.Маркса, А.Левинсона (Петербург).Член-учредитель Общества возрождения художественной Руси (1915-1917). В 1910 расписал собор в Симферополе и участвовал в оформлении Федоровского собора в Царском Селе. В 1918-1919 рисовал обложки для журнала «Красноармеец», оформил альманах «Творчество» и книгу «Древняя Русь в пословицах и поговорках» В. Волженина; исполнил плакат «Бой красного рыцаря с темной силой», изобразив рабочего на коне, сокрушающего молотом вооруженных рыцарей в доспехах. Это аллегорический плакат с интересной «иконографией» защитника Отечества.

072

旗帜

1917—1918年
织物、彩绘
222厘米×143厘米

　　这面单面红色旗帜的底部镶边金色条。画面上方的图画是身系机关枪弹带，脚踏皇权象征物的工人。火红旗帜为背景，标语文字是"红色十月万岁！"

072

Знамя

1917-1918 гг.
Ткань х/б, краска, рисунок
222см×143см

　　Знамя красное, одинарное, одностороннее, по нижней кромке обшито золотистой бахромой. На лицевой стороне вверху - рисунок (живопись, масло): рабочий, опоясанный пулеметной лентой и попирающий ногами регалии императорской власти. На огненном фоне - лозунг: «Да здравствует Красный Октябрь!».

073

全面军事训练——自由的保证

画家不详
1919年
纸质、布、彩印
105.7厘米×70.3厘米

073

Всеобщее военное обучение — залог свободы

Неизвестный художник
Бумага, ткань, печать цветная
1919 г.
Литография многоцветная
105,7см×70,3см

074

纪念十月革命胜利一周年胸带

1918年
丝绸，印刷
3厘米×10厘米

074

Нагрудная памятная ленточка, посвященная Первой годовщине Октября.

1918 г.
Шелк, печать
3см×10см

075

五月一日。除了束缚的枷锁，工人们没什么可失去的，而他们获得的是整个世界。

А. П.阿普希特
1919年
三色石印
97.6厘米×69.3厘米

075

1 мая. Рабочим нечего терять, кроме своих цепей, а приобретут они целый мир.

А. П. Апсит
1919 г.
Лит. Трехцветная
97,6см×69,3см

阿普希特是亚历山大·彼得洛维奇·斯基夫（阿普西基斯）（1880-1944）的笔名。他是版画家，1898 至 1899 年在彼得堡德米特里耶夫－高加索学校学习，后在雅典修道院创作壁画，他还曾为书籍和杂志画素描、广告宣传画，并为托尔斯泰、高尔基、列斯科夫和契诃夫作品画插画。他的笔名很多，如斯基夫、阿普希特、阿斯彼得、阿·彼得罗夫、欧西宁、亚历山大·彼得洛维奇等。他是莫斯科艺术小组"氛围"的成员（莫斯科，1897-1924），莫斯科艺术协会的创始人之一（莫斯科，1913-1917）。在十月革命后，阿普希特与摩尔、杰尼一起成为苏联政治宣传画第一批大师。1921 年他移民拉脱维亚，1939 年起居住在德国。

Апсит–псевдоним СкифаАлександра Петровича.График. Занимался в студии Л. Дмитриева-Кавказского в Петербурге (1898-1899); исполнил стенные росписи в Афонском монастыре; работал в книжной и журнальной графике, в рекламном плакате; иллюстрировал произведения Л.Н.Толстого, А.М. Горького, Н.С.Лескова, А.П.Чехова. Псевдонимов много: Скиф, Апсит, Аспид, А.Петров, Осинин, А-Т, Александр Петрович и др.Член Художественного кружка «Среда» (Москва, 1897-1924). Один из основателей Общества искусств (Москва, 1913-1917). После Октябрьской революции наряду с Д. Моором и В. Дени стал первым крупным мастером советского политического плаката. В 1921 году эмигрировал в Латвию,с 1939 года жил в Германии.

076

皇家军团和红军

Д.С.摩尔
1919年
纸质、布、铅印
47.7厘米×70.6厘米

076

Царские полки и Красная армия

Д.С. Moop
1919 г.
Бумага, ткань, типолитография
47,7см×70,6см

077

你参加志愿军了吗？

Д.С.摩尔
1920年
纸质、纸板、彩色石印
100.8厘米×70.4厘米

077

Ты записался добровольцем?

Д.С. Moop
1920 г.
Бумага, картон, хромолитография
100,8см×70,4см

德米特里·斯塔西耶维奇·摩尔（奥尔洛夫）（1883-1946），版画家，曾在科林工作室学习过（1910），是苏联政治宣传画的创始人之一、俄罗斯苏维埃联邦社会主义共和国功勋艺术活动家（自 1932 年起）。作为讽刺画大师，他在革命前就开始了艺术创作，1919 年起成为共和国革命军事委员会文学出版部的主要艺术家之一。他是政治讽刺题材的大师，为《消息报》《真理报》《鳄鱼》杂志作画，是《无神论者》和《机床旁的无神论者》杂志创办人。他还是宣传列车模型和莫斯科街头节日装饰的设计人，内战期间创作了数百幅作品，参与了"罗斯塔之窗"系列宣传画的出版工作。在 20 至 30 年代期间，他是苏联政治宣传海报领导大师之一，卫国战争期间创作了一系列著名的宣传画。

摩尔创作的海报给艺术家为寻找工人与新政府的结合提供了独特的视觉概念。首先，可以找到以下元素、如锤子和镰刀——劳动与城乡联盟的象征，红旗——革命的象征，铜墙铁壁——苏维埃国家的象征。考虑到社会阶层中受教育水平较低的阶层——那些被号召用革命去保护社会主义祖国的人，艺术家们在宣传画中广泛应用了贴近人民的简化语言，以及新旧标志交汇和对抗的鲜明插图。

Moop (Орлов) Дмитрий Стахиевич (1883-1946), график. Учился в студии П.И.Келина (1910). Один из основателей искусства советского политического плаката. Заслуженный деятель искусств РСФСР (с 1932). Свою творческую деятельность начал до революции как мастер карикатуры. С 1919 года один из ведущих художников Литературно-Издательского отдела Реввоенсовета Республики. Мастер политической сатиры, художник газет «Известия», «Правда», журнала «Крокодил»; основатель журналов «Безбожник» и «Безбожник у станка»; автор сатирических рисунков и иллюстраций, макетов оформления агитпоездов и праздничного оформления улиц Москвы. В годы гражданской войны создает сотни листов, принимает участие в издании «Окон РОСТА»; в 20-е — 30-е годы был в числе ведущих мастеров советского политического плаката; вел преподавательскую деятельность. В годы Великой Отечественной войны художником создан ряд известных плакатов

Плакаты, созданные Дмитрием Моором, дают представление о поиске художниками визуальных средств самоотождествления трудящихся с новой властью. Прежде всего, были найдены такие элементы, как серп и молот – символы труда и союза города и деревни, красное знамя – символ революции, неприступная крепость – символ Советского государства. Учитывая низкий образовательный уровень социальных слоев, призванных революцией на защиту Социалистического Отечества, художники широко использовали в плакате близкие народному сознанию упрощенную лексику, разговорный язык– яркая иллюстрация слияния и противоборства старых и новых символов.

078

光荣属于胜利者红军！

Д. С. 摩尔
1920年
纸质、彩印
68.4厘米 × 52厘米

078

Слава победителю красноармейцу!

Д. С. Моор
1920 г.
Бумага, печать цветная
68,4см × 52см

079

五一劳动节。全世界无产阶级大团结万岁

Д.С. 摩尔
1920年
纸质、石印
86厘米×59.5厘米

079

1 мая праздник труда. Да здравствует международное единение пролетариата

Д.С. Moop
1920 г.
Бумага, литография
86см×59,5см

德米特里·摩尔的海报"五一劳动节"充满了克服困难的乐观与自信。海报上，红军人物伟岸的身躯坚定地走在连绵不绝的游行队伍前沿，象征着工人运动的标志——红色旗帜沐浴在冉冉升起的太阳的光芒中。太阳代表着古典神话中的英雄形象，是光明与黑暗对抗的基础。

Оптимистической уверенностью в преодолении трудностей полон плакат Дмитрия Моора «Первое мая — праздник труда». На плакате монументальная фигура красноармейца уверенно выступает впереди бесконечной демонстрации. Символ рабочего движения, красное знамя, купается в лучах восходящего солнца, символизирующего в классической мифологии героический образ, основу противопоставления света и тьмы.

080

1920 年五一节日。在苏维埃的俄罗斯——星期六义务劳动，同经济崩溃斗争。在国外——罢工，为苏维埃政权斗争。

Д. И. 梅利尼科夫
1920年
纸质、多色石印
53.2厘米×70.7厘米

080

Празднование первого мая 1920 г. В советской России - субботник, борьба с разрухой. За границей - забастовка, борьба за советскую власть

Д. И. Мельников
1920 г.
Бумага, литография многоцветная
53,2см×70,7см

五一节将抗争与庆祝结合在了一起，标志着工人运动划时代的、世界性的意义。这个传统贯穿了俄罗斯十月革命胜利后的复兴阶段。颂扬胜利的无产阶级革命英雄事迹、展现阶级团结和公众为美好未来而斗争的热情成为"五一"的主要任务。1919 年到 1920 年的宣传画中还反映了内战和经济崩溃。1920 年的很多节日宣传画都是纪念共产主义星期六义务劳动。这些海报的题词出自 1920 年 5 月 1 日《真理报》中的文章《贫民的劳动节》，"举行五一星期六义务劳动的原因——可怕的经济崩溃……在劳动中寻找救赎的俄罗斯无产阶级，……如今的节日，是一个希望，是一个更美好未来的基础……"。

Первомай соединял борьбу и торжество, знаменуя эпохальные и всемирные перспективы рабочего движения. Эта традиция переживала обновление после победы Октябрьской революции в России. Задачей Первомая стало возвеличивание революционной героики победившего пролетариата, демонстрация классовой солидарности и общественного энтузиазма в борьбе за светлое будущее. В плакатах 1919-1920 годов отразились Гражданская Война и разруха. В 1920 году многие праздничные плакаты были посвящены коммунистическому субботнику. Эпиграфом к этим плакатам могут служить слова из статьи «Трудовой праздник бедноты», напечатанной в газете «Правда» 1 мая 1920 года: «Причина первомайского субботника — страшная разруха... Пролетарской России, ищущей в труде спасения, ... Сегодняшний праздник — это надежда, фундамент лучшего будущего...».

081

十月革命给女性工人和农民带来了什么

画家不详
1920年
多色石印
107厘米×67.8厘米

081

Что дала Октябрьская революция работнице и крестьянке

Неизвестный художник
1920 г.
Литография многоцветная
107см×67,8см

值得注意的是，画中女主人公的形象被解析为当时男性革命先锋队象征的翻版——一个正在打造幸福钥匙的铁匠形象。画家展现了女主人公左手握锤，右手指向这些国家机构，这些机构将女性从家庭和家务的奴役中解放出来。1920年11月28日，宣传画在《真理报》中刊登后，它作为女性工人形象的标准被广为流传。

Знаменательно, что женский образ был решен, как реплика утвердившейся в то время символической трактовки мужского авангарда революции – кузнеца, кующего ключи счастья. Плакатист изобразил свою героиню с молотом в левой руке, правой — указывающей на государственные институты, способствующие освобождению «от закабаленности в семье и в хозяйстве». После появления репродукции плаката в газете «Правда» 28 ноября 1920 г., он широко тиражировался, как эталон в изображении женщины-работницы.

082

我们用武器歼灭敌人，用劳动获得粮食。一切为了工作，同志们！

Н. Н. 科胡特

1967年

双色石印

89.5厘米 × 58厘米

082

Оружием мы добили врага, трудом мы добудем хлеб. Все за работу, товарищи!

Н. Н. Когоут

1967 г.

Бумага, офсет

89.5см×58см

尼克拉·尼古拉耶维奇·科胡特（1891−1959）是版画家，1913年毕业于斯特洛冈诺夫中央工业艺术学校，曾在莫斯科绘画雕塑建筑学校和莫斯科国立高等美工实习学院学习。20年代，积极参与"罗斯塔之窗"系列宣传画和《机床旁的无神论者》杂志的工作。他是讽刺画大师，创作了大量杂志插图和政治宣传画。他是苏联艺术家协会成员，卫国战争期间在乌兹别克国立出版社开展了富有成效的工作，50年代积极地参与了莫斯科宣传画出版社的工作。

1920年末，锤子和砧子成为自身幸福锻造者，即新人类形象的典型象征。众所周知，革命之后犁和带有铁砧的锤子立刻成为苏联的象征，交叉的镰刀和锤子则象征工人和农民的联合。1918年7月10日，在第五届全俄代表大会上确立了苏维埃徽章。此后，镰刀和锤子的标志更是海报不变的特征，艺术家们以此来颂扬工农团结是苏联国家的社会基础。这幅宣传画为1920年共和国革命军事委员会政治管理处文学出版部出版，1967年再版。

Когоут Николай Николаевич (1891-1959), график. Окончил Строгановское центральное художественно-промышленное училище (1913), учился в Московской школе живописи, ваяния и зодчества и во ВХУТЕМАСе в Москве. В 20-е активно работал в «Окнах РОСТА» и в журнале «Безбожник у станка». Мастер сатирического рисунка, работал в области журнальной графики и политического плаката, был членом Союза художников СССР, в годы Великой Отечественной войны плодотворно работал в Узбекском Государственном издательстве, в 50-е годы активно сотрудничал в Московском издательстве «Агитплакат».

До конца 1920-х гг. типичной принадлежностью образа нового человека – творца – кузнеца своего счастья были молот и наковальня. Известно, что плуг и молот с наковальней предлагались для эмблемы Советов сразу после революции. Была предложена эмблема, символизирующая объединение рабочих и крестьян, в виде перекрещивающихся серпа и молота. Советский герб был утвержден 10 июля 1918 г. на V Всероссийской съезде Советов. Эмблема серпа и молота была неизменным атрибутом плакатов, прославляющих рабоче-крестьянское единство, как социальной основы Советского государства. В 1967 г. этот плакат, который был издан Литературно-издательским отделом Политуправления РВСР в 1920 г., был переиздан.

№ 5 Из подборки „Советский политический плакат"
Художник Н. Когоут. Плакат издавался в 1920 году

083

全俄星期六义务劳动——水路交通重建

К. С.彼得罗夫–沃德金
1920年
纸质、布、铅印
99.7厘米×70.7厘米

083

Всероссийский субботник - путь к Возрождению водного транспорта

К. С. Петров-Водкин
1920 г.
Бумага, ткань, типолитография
99.7см×70.7см

084

世界十月万岁！

M.B. 马托林

1920年

纸质、布、铅印

64.2厘米×96厘米

084

Да здравствует мировой Октябрь!

M.B. Маторин

1920 г.

Бумага, ткань, типолитография

64,2см×96см

085

1923 年 8 月 – 9 月全俄农业、手工业展览会

A. B. 列别捷夫
1923年
纸质、布、胶印
107.7厘米×71.1厘米

085

Всероссийская сельскохозяйственная и кустарно-промышленная выставка с иностранным отделом. август-сентябрь 1923 г.

A. B. Лебедев
1923 г.
Бумага, ткань, офсет
107,7см×71,1 см

象征性的概括手法被广泛应用于全俄农业、手工业展览会宣传海报的农民形象中。海报具有丰富的象征意义，一方面，魁梧的身材和一捆捆颗粒饱满的麦穗是富裕和繁荣的古老象征，它们是农村建设成果的具体表现。与此同时，通过描述改革时期的农民，艺术家传达了农民从之前奴隶桎梏的生活转而追求自由解放的生活的变化。在第一时间，劳动成为苏联政治海报中工人和农民社会新角色的标志。

Символическое обобщение использовано в изображении крестьянина на рекламном плакате, посвященном Всероссийской сельскохозяйственной и кустарно-промышленной выставке. Символика плаката многозначна. С одной стороны, монументальная фигура, с великим напряжением поднимающая сноп колосьев (древний символ изобилия и процветания) олицетворяла созидательные возможности деревни. Вместе с тем, изобразив крестьянина в момент выпрямления, художник передал стремление деревни к освобождению от косности, рабской покорности прежней жизни. Символами новой социальной роли рабочих и крестьян с первых моментов существования советского политического плаката стали атрибуты труда.

086

国际无产阶级领袖——列宁

М. В. 乌沙科夫–波斯科琴
1925年
纸质、凹版印刷
68.7厘米×80.5厘米

086

Ленин - вождь международного пролетариата

М. В. Ушаков-Поскочин
1925 г.
Бумага, печать глубокая
68,7см×80,5см

　　马克西姆·弗拉基米罗维奇·乌沙科夫－波斯科琴（1893–1943）是版画家、插图家、漫画家、戏剧艺术家。他于 1912 至 1924 年就读于彼得堡艺术科学院，师从卡尔多夫斯基和萨维诺夫。1922 年起，他为 220 多本书籍编辑了插画。1925 年，他在巴黎装饰艺术国际展览中荣获证书，30 年代以创作木刻画为主。乌沙科夫－波斯科琴编辑的书籍绘画特点是构图精准、图解精细、版面制作熟练，其中优秀作品有为 "北方壮士歌" 第一部创作的插图（1938）。

　　Максим Владимирович Ушаков-Поскочин(1893-1943) график, иллюстратор, карикатурист, художник театра. В 1912-1924 учился в Петербургской АХ у Д. Кардовского, А. Савинова. С 1922 оформил и проиллюстрировал более 220 книг. В 1925 на Международной выставке декоративного искусства в Париже получил почётный диплом. В 1930-х основной техникой художника становится ксилография. Книжная графика Ушакова-Поскочина отличается выверенной точностью композиции, тонкостью графических приёмов, мастерским умением разработки поверхности доски. Среди лучших работ - иллюстрации к первому тому "Былин Севера" (1938).

087

时刻准备为世界十月革命而战斗！

П.Я. 卡拉琴佐夫
1933年
纸质、彩印
74厘米×107厘米

087

К борьбе за мировой Октябрь будь готов!

П.Я. Караченцов
1933 г.
Бумага, печать цветная
74см×107см

彼得·亚科夫列维奇·卡拉琴佐夫（1907–1998）是版画家，俄罗斯苏维埃联邦社会主义共和国功勋艺术家。1927至1930年在莫斯科国立高等美工学院学习。他的第一批政治宣传画创作于20年代末，在30年代开始大量创作宣传画，是书籍和杂志素描画和插画专家。

Караченцов Петр Яковлевич (1907-1998), график. Заслуженный художник РСФСР (с 1967). Учился во ВХУТЕИНе в Москве (1927-1930). Мастер книжной, журнальной графики, иллюстрации; первые политические плакаты создал в конце 20-х годов. Как плакатист особенно интенсивно работал в 30-е годы.

o88

电影海报：《十月》

Я. Т. 卢克列夫斯基
1927年
纸质，水粉画，布上复制
207厘米×105厘米

---

o88

Киноафиша. Октябрь.

Я. Т. Руклевский
1927 г.
Бумага, гуашь, дублирован на холст
207см×105см

雅科夫·季莫费耶维奇·卢克列夫斯基生于1894年，1965年去世。他毕业于应用学院和斯摩棱斯克绘画学校，1924年起在苏联从事艺术海报事业，是苏联电影海报创始人之一。1924至1930年，他在苏联部长会议国家电影事业委员会－全苏电影联合公司工作，领导全国的艺术海报事业，创建了自己的印刷基地——石印工作间，汇集了一批著名的大师。1943至1945年，他参加了苏联卫国战争。1945至1951年，他在"海报电影"工厂工作。

卢克列夫斯基为爱森斯坦的电影《十月》创作的原版海报，是历史上第一部印有列宁形象的电影海报。此海报和其他艺术家的作品一起参与了最受欢迎十月革命象征的创作。站在装甲车上的领袖——人民热情爆发的中心、引导大众的力量去消除旧秩序的中心，是信仰的标志。创作者认为，如果摧毁是革命的人民创作的成果，那么理想社会的体制必将在摧毁中成长，正是这种信念完善了宣传艺术，使之完成革命和社会思想的宣传与鼓动。

Руклевский Яков Тимофеевич (1894-1965). Окончил реальное училище и Смоленскую студию живописи (1915). В 1924 возглавил дело художественной рекламы в СССР, по праву считается одним из создателей советской кинорекламы. Работал в Госкино-Союзкино (1924-1930), возглавил дело художественной рекламы практически в масштабе страны.Была создана своя полиграфическая база – литографская мастерская и сплотился при ней значительный отряд замечательных мастеров. Участник Великой Отечественной войны (1943-1945). Работал на фабрике «Рекламфильм» (1945-1951).

Подлинный лист Я.Руклевского к фильму С.Эйзенштейна «Октябрь», вошедший в историю как первый киноплакат, запечатлевший образ Ленина. Плакат в ряду других художественных произведений участвовал в создании самого популярного символа Октябрьской революции. Вождь на броневике – эпицентр взрыва народных страстей, направляющий энергию масс на разрушение старого строя, стал символом веры в то, что из разрушения вырастает организация идеального общества, если это разрушение — результат революционного народного творчества. Это убеждение культивировало агитационное искусство, взявшее на себя пропаганду идей революции и социализма.

089

十月的孩子们!

E. C. 杰尔诺娃
1933年
纸质、布、彩印
102厘米×70.5厘米

089

Дети Октября!

Е. С. Зернова
1933 г.
Бумага, ткань, печать цветная
102см×70,5см

叶卡捷琳娜·谢尔盖耶夫娜·泽尔诺娃（1900–1995）是写生画家、版画家、大型装饰画艺术家、俄罗斯苏维埃联邦社会主义共和国功勋艺术家（1974）。她曾在雷贝格艺术学校（1915–1917）和莫斯科大学物理数学系（1917–1923）学习。1919 至 1924 年，杰尔诺娃在国立高等美工实习学院学习期间，师承马什科夫、舍甫琴科和什捷连别尔格。她曾是"莫斯科沙龙"艺术家协会成员（1916–1921）、架画画家艺术协会成员（1928–1932），从 1923 年起开始参与展览。

20 世纪 30 年代末，泽尔诺娃经常从事版画艺术，曾给中间人、国家出版社等多家出版社做插图排版书籍。1928 至 1933 年间，她负责给《孩子们的朋友》《红泥瓦》《先驱者》《为无产阶级艺术》等多家莫斯科杂志绘画。此外，她还创作不少风俗历史画、肖像画、风景画，并设计剧院舞台布景和服装。30 年代与战后年间，泽尔诺娃完成了一系列带有政治色彩并有指示性的宣传画，其中包括：《农村合作社》（1924）、《打倒帝国主义的战争》（1929）、《宣传识字课本》（系列，1931）、《我们将成为列宁主义者》（1934）等。她曾在莫斯科实用艺术和装饰艺术研究所（1945–1953）、莫斯科纺织学院（1953–1972）任教，1976 年出版了《给未来的艺术家讲述关于油画艺术——教师笔记》一书。

Зернова Екатерина Сергеевна (1900-1995), живописец, график, художник монументально-декоративного искусства. Заслуженный художник РСФСР (с 1974). Училась на физико-математическом факультете Московского университета (1917-1923), в студии Ф.И.Рерберга (1915-1917) и ВХУТЕМАСе (1919-1924) у И.И.Машкова, А.В.Шевченко, Д.П.Штеренберга. Была членом Общества художников «Московский салон»(1916-1921), ОСТ (1928-1932). Участник выставок с 1923.

В конце 20-х - 30-е годы много работала как график. Иллюстрировала и оформляла книги для издательства «Посредник», «Госиздата» и др. Рисовала для московских журналов (1928-1933) «Друг детей», «Красная нива», «Пионер», «За пролетарское искусство» и др. Автор жанровых и исторических полотен, портретов и пейзажей, театральных декораций и костюмов; в 30-е и послевоенные годы исполнила ряд политических и инструктивных плакатов, в том числе: «Кооперация в деревне»(1924), «Долой империалистическую войну»(1929), «Плакатный букварь» (серия, 1931), «Мы будем ленинцами»(1934) и др. Преподавала в МИПИДИ (1945-1953), МТИ (1953-1972). Автор книги «Будущему художнику об искусстве живописи. Записки преподавателя» (1976).

090

朝着世界十月革命前进！

Б. Г. 克林奇
1933年
纸、布、彩印
102.5厘米×70.5厘米

090

Вперёд к мировому Октябрю!

Б. Г. Клинч
1933 г.
Бумага, ткань, печать цветная
102,5см×70,5см

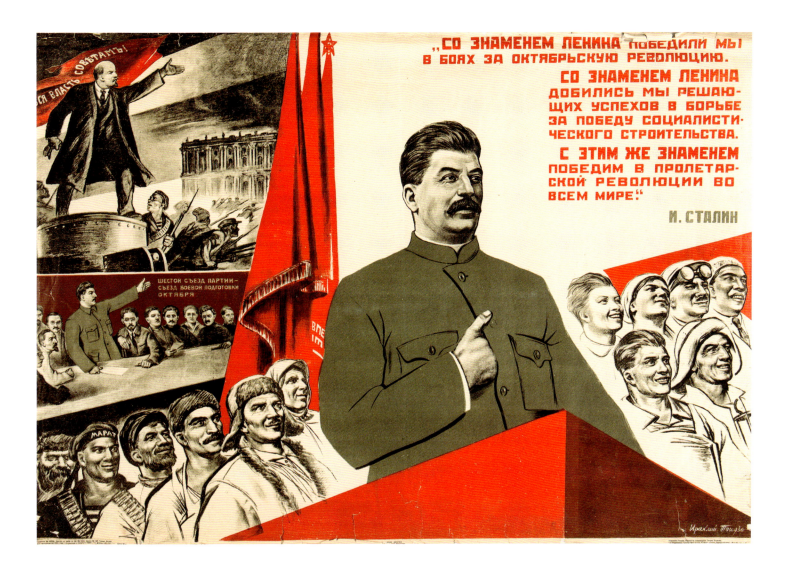

091

在列宁带领下我们赢得了十月革命的胜利

И. М. 托伊泽

1933年

纸、布、铅印

60.8厘米 × 89.3厘米

091

Со знаменем Ленина победили мы в боях
за Октябрьскую революцию

И. М. Тоидзе

1933 г.

Бумага, ткань, типолитография

60,8см×89,3см

092

为祖国，为斯大林！

A.A. 叶菲莫夫
1941年
纸质，彩色石印
70.3厘米×51.2厘米

092

За родину, за Сталина!

A.A. Ефимова
1941 г.
Бумага, хромолитография
70,3см×51,2см

亚历山大·阿列克谢耶维奇·叶菲莫夫（1905-1964）是写生画家，艺术学副博士（1946年起）。他曾在绘画雕塑建筑学校学习，师从勃罗茨基和卡尔多夫斯基（1928-1936），毕业作品为《渔夫的送别》。叶菲莫夫从1939年开始参与展览，创作的作品多半为纪念海军。他曾在儿童艺术学院（1937-1938）和俄罗斯学院（1944-1952）任教，作品有：《列宁格勒人》（1943）、《国防工作》（1947）、《共青团教导他们》（1947，与A.A.特洛米彻夫合作）、《1788年7月3日菲多民西岛战争》（1954）、《目标被覆盖》（1956，与E.M.叶菲莫娃合作）等。

Ефимов Александр Алексеевич (1905-1964), живописец, кандидат искусствоведения (с 1946). Учился в ИЖСА (1928-1936) у И.И. Бродского, Д.Н. Кардовского, дипломная работа – «Проводы рыбаков». Участник выставок с 1939. Творчество было преимущественно посвящено военно-морскому флоту. Преподавал в ЛХШ (1937-1938) и ИР (1944-1952). Его работы: «Ленинградки» (1943), «На оборонные работы» (1947), «Их воспитал комсомол» (1947, совместно с А.А.Тромичевым), «Бой у острова Фидониси 3 июля 1788 г.» (1954), «Цель накрыта» (1956, совместно с Ефимовой Е.М.) и др.

093

民族仇恨不放走敌人！

И．拉毕切夫
1941年
纸质、彩色石印
101.5厘米×62.5厘米

093

От народной мести не уйти врагу!

И. Рабичев
1941 г.
Бумага, хромолитография
101,5см×62,5см

卫国战争时期的海报反映了在各个阶段主导情绪的变化。复仇是从战争开始到法西斯主义在自己领土上的崩溃这段时期的主题之一。在莫斯科附近的反攻中，前几个月巨大损失造成的心理冲击被进攻冲动的喜悦所取代。在斯大林格勒战役之后"我们会赢"的信心更加坚定。

Плакаты Великой Отечественной войны позволяют проследить изменение основной эмоциональной доминанты на разных ее этапах. Тема возмездия была одной из центральных с начала войны вплоть до разгрома фашистов на их собственной территории. Во время контрнаступления под Москвой психологический шок от страшных потерь первых месяцев сменился радостью наступательного порыва. После Сталинградской битвы утвердилась уверенность «Мы победим».

094

加入民兵队伍!

А. 西塔罗
1941年
纸质、石印
72.3厘米×52.8厘米

094

Вступайте в ряды народного ополчения!

А. Ситтаро
1941 г.
Бумага, литография
72,3см×52,8см

095

祖国母亲在呼唤!

И. М. 托伊泽
1941年
纸质、彩印
105厘米×73厘米

095

Родина - мать зовёт!

И. М. Тоидзе
1941 г.
Бумага, печать цветная
105см×73см

伊拉克利·莫伊谢耶维奇·托伊泽生于 1902 年，1985 年去世。他自小跟随父亲学习绘画，1930 年毕业于第比利斯艺术家科学院，是格鲁吉亚艺术家协会创始人之一，是写生画家和版画家。托伊泽早期的作品为在格鲁吉亚生活题材中确认苏联主题起了至关重要的作用。他从 30 年代开始创作宣传画，其 1931 年创作的作品《在列宁的旗帜下走向世界十月》被认为是 30 年代初最成功的宣传画之一，在 1934 年宣传画竞赛中获奖。苏联卫国战争期间，他创作的许多宣传画具有很大的感染力和号召力。1951 年，托伊泽被授予俄罗斯苏维埃联邦社会主义共和国功勋艺术活动家称号。1980 年，托伊泽被授予格鲁吉亚苏维埃社会主义共和国人民艺术家称号，曾获得苏联国家奖金（1941、1948、1949、1951）。

Тоидзе Ираклий Моисеевич (1902-1985).Учился у своего отца – М.И. Тоидзе. Окончил Тбилисскую Академию художеств (1930). Один из основателей Общества грузинских художников. Живописец и график. Ранние картины художника сыграли значительную роль в утверждении советской темы в грузинском бытовом жанре. В плакате работал с начала 30-х годов. Наиболее удачным плакатом начала 1930-х годов считался портрет-плакат «Под знаменем Ленина вперед к мировому Октябрю» (1931, премирован на конкурсе плакатов в 1934 г.). Большой эмоциональностью и призывной силой обладают плакаты, созданные Тоидзе в годы Великой Отечественной войны. Заслуженный деятель искусств РСФСР (с 1951) и народный художник Грузинской ССР (с 1980), лауреат Государственных премий СССР (1941, 1948, 1949, 1951).

096

我们的力量无穷无尽！

В.Б. 柯列茨基

1941年

纸、布、凹版印刷

87.5厘米×58.5厘米

096

Наши силы неисчислимы!

В.Б. Корецкий

1941 г.

Бумага, ткань, печать глубокая

87,5см×58.5см

　　维克多·波里索维奇·柯列茨基（1909—1998）是宣传画画家，俄罗斯苏维埃联邦社会主义共和国功勋艺术家（从1964年开始），凭借战争时期的作品荣获斯大林奖（1946），凭借战后年代的宣传画荣获斯大林奖（1949），在维也纳国际宣传画展获得8个一级荣誉（1948）。他曾在莫斯科中等造型艺术专科学校学习，毕业于莫斯科纪念1905年州立艺术学校（1929）。他从30年代初不断创作政治宣传画，是苏联剪辑宣传画杰出大师之一。

　　Корецкий Виктор Борисович (1909-1998), плакатист. Заслуженный художник РСФСР (с 1964). Награды: Сталинская премия (1946) за произведения военных лет; Сталинская премия (1949) за плакаты послевоенных лет; 8 дипломов I степени на Международной выставке плаката в Вене (1948). Учился в Московской средней Изопрофшколе. Окончил Московское областное художественное училище памяти 1905 года (1929). С начала 30-х годов постоянно работал в политическом плакате; один из видных мастеров советского фотомонтажного плаката.

097

我们打得好，刺得猛——夏伯阳之子、苏沃洛夫之孙

库克雷尼克赛
1941年
纸质、彩色石印
58.3厘米×87.5厘米

097

Бьёмся мы здорово. Колем отчаянно - внуки Суворова, дети Чапаева

Кукрыниксы
1941г.
Бумага, хромолитография
58,3см×87,5см

　　库克雷尼克赛是自1924年起三位艺术家共同工作的创作社,即米哈伊尔·瓦西里耶维奇·库普利亚诺夫(1903-1991)、波尔菲里·尼基季奇·克雷洛夫（1902-1990）和尼古拉·亚历山大洛维奇·索科洛夫（1903-2000）的化名。他们毕业于国立高等美工学院（库普利亚诺夫和索科洛夫1929年,克雷洛夫1927年）。他们是著名的俄罗斯、苏联以及国外文学的插画家、讽刺大师,1925年开始在《真理报》和讽刺杂志《鳄鱼》上发表作品,是革命宣传画工人联盟活动的积极参与者（莫斯科,1931-1932）。卫国战争期间创办了无数的"塔斯之窗",为苏联政治宣传作出了巨大贡献。荣获苏联人民艺术家称号（从1958年起）,是苏联艺术科学院正式成员（从1947年起）、列宁奖金获得者（1965）和苏联国家奖金获得者（1942、1947、1949、1950、1951、1975）。

　　КУКРЫНИКСЫ, это псевдоним творческого коллектива трех художников, совместно работающих с 1924 года: Куприянова Михаила Васильевича (1903-1991), Крылова Порфирия Никитича (1902-1990), Соколова Николая Александровича (р.1903-2000). Окончили ВХУТЕИН в Москве (М.Куприянов и Н.Соколов — 1929, П.Крылов — 1927). Известные иллюстраторы русской, советской, зарубежной литературы; мастера сатиры, постоянные сотрудники центральных газет (с 1925 — «Правда») и сатирических журналов («Крокодил»). Активные участники создания Объединения работников революционного плаката (Москва, 1931-1932). В годы Великой Отечественной войны создали около сотни «Окон ТАСС», внесли большой вклад в искусство советского политического плаката. Народные художники СССР (с 1958), действительные члены Академии художеств СССР (с 1947), лауреаты Ленинской премии (1965) и Государственных премий СССР (1942, 1947, 1949, 1950, 1951, 1975).

098

为祖国母亲！

И. М. 托伊泽
1943年
纸质、彩色石印
82.9厘米×59.1厘米

098

За Родину-мать!

И. М. Тоидзе
1943 г.
Бумага, хромолитография
82,9см×59,1см

099

过去在战斗，现在在战斗，未来仍需战斗！

М.В. 奥博连斯基
1941年
纸、布、彩印
59.8厘米×44厘米

099

Били, бьем и будем бить!

М.В. Оболенский
1941 г.
Бумага, ткань, печать цветная
59,8см×44см

米哈伊尔·瓦西里耶维奇·奥博连斯基生于1896年，曾在双国立自由艺术工作室接受艺术教育，1918年至1919年间师从С.В.马留金。他参加过"创世纪"社会展览（1922-1925），是现实主义美术家联合会创办人之一（莫斯科，1927-1932）。他是风景画家、剧院艺术家，更是著名的肖像画家，作品有托尔斯泰画像、涅日丹诺娃画像等。

Оболенский Михаил Васильевич (р. 1896), художественное образование получил в 2-х Свободных Государственных художественных мастерских (1918-1919) у С.В. Малютина. Участвовал в выставках общества «Бытие» (1922-1925), член-учредитель Объединения художников-реалистов (ОХР, Москва, 1927-1932). Известный портретист (портреты Л.Толстого, А.Неждановой и др.), пейзажист и театральный художник.

100

前进！胜利就在前方！

Н. Н. 瓦托林娜

1944年

纸质、胶印

56.7厘米×82.4厘米

100

Вперед! Победа близка!

Н. Н. Ватолина

1944 г.

Бумага, офсет

56,7см×82,4 см

妮娜·尼古拉耶夫娜·瓦托林娜 1915 年出生，是版画家、宣传画画家，1931 至 1935 年曾在国立书刊联合出版社的艺术画报技术学院学习。1937 至 1942 年她在莫斯科国立苏里科夫艺术学院学习时，师从杰伊涅卡和里亚日斯基，毕业作品是《从前线传来的消息》。1935 至 1939 年，她也曾随艺术家杰尼学习。1936 年起她经常与杰尼索夫共同创作政治宣传画。主要作品有：《不要说话！》（1941）、《为孩子们的鲜血复仇》（1943）、《前进！胜利就在前方！》（1944）、《等待胜利》（1945）、《四年内完成五年计划》（1947）、《光荣属于苏联人民》（1953）、《我们为了友谊与和平》（1957）、《我们不是为了战争培养孩子》（1958）、《和平》（1967）等。1960 至 1962 年期间，瓦托林娜在莫斯科创作协会的《宣传画》刊物工作，著有书籍《我们是宣传画画家》（1970）。

Ватолина Нина Николаевна (р.1915), график, плакатист. Училась в Художественно-плакатном техникуме ОГИЗа (1931-1935), Московском государственном художественном институте имени В.И.Сурикова у А.А.Дейнеки, Г.Г.Ряжского; дипломная работа – картина «Вести с фронта» (1937-1942). Занималась также у В.Н.Дени (1935-1939). С 1936 года постоянно работала в области политического плаката, нередко – в соавторстве с Н.Денисовым; автор политических плакатов: «Не болтай!» (1941), «Отомстим за кровь детей» (1943), «Вперед! Победа близка!» (1944), «Ждем с победой» (1945), «Пятилетку в четыре года» (1947), «Слава советскому народу» (1953), «Мы за дружбу и мир!» (1957), «Не для войны мы сыновей растим» (1958), «Мир» (1967) и др.; в 1960-1962 годах сотрудничала в Московском творческо-производственном объединении «Агитплакат»; автор книги «Мы – плакатисты» (1970).

101

你挽救了我们的生命！

B.C. 伊万诺夫
1944年
纸质、彩色石印
86.3厘米×63.3厘米

101

Ты вернул нам жизнь!

B.C. Иванов
1944 г.
Бумага, хромолитография
86,3см×63,3см

102

节日快乐，同志们！

В. В. 苏里扬尼诺夫
1944年
纸、布、彩色石印
81.5厘米×57厘米

102

С великим праздником, товарищи!

В. В. Сурьянинов
1944 г.
Бумага, ткань, хромолитография
81,5см×57см

103

伟大的十月社会主义革命28周年万岁！

С.М. 金茨
1945年
纸质、彩色石印
80.1厘米×58.1厘米

103

Да здравствует 28 годовщина Великой Октябрьской Социалистической Революции!

С.М. Гинц
1945 г.
Бумага, хромолитография
80,1см×58,1см

历经长久的残酷的战争后，迎来了胜利的凯旋。苏里阳尼诺夫和金茨的宣传画传递了节日的气氛，还说明了侵略者用自己的道德政治与社会心理影响大众，我们的人民保卫家园反抗侵略，为正义目标而战斗，比军国主义心理和法西斯主义思想的种族优越感表达得更为强烈。

瓦西里·瓦西里耶维奇·苏里扬尼诺夫（1903–1991），1928 年毕业于莫斯科国立高等美工实习学院，一生致力于创作政治宣传画、架上绘画、书籍插画。1974 年，他被授予俄罗斯苏维埃联邦社会主义共和国功勋艺术家称号。

斯杰凡·伊万诺维奇·金茨（1900–1960）是版画家，1916 至 1919 年在叶卡捷里诺斯拉夫斯基综合中等技术学校建筑系学习，在顿河畔罗斯托夫时师从西林，之后在顿河畔罗斯托夫工作。他从 1932 年起开始参与展览，曾在罗斯托夫图书出版社给书画插图和排版，其中包括：加尔申的《青蛙旅行家》（1936），马雅可夫斯基的《是非对错》（1937），《涅克拉索夫哥萨克》（1945，1957），果戈理的《塔拉斯·布尔巴》（1948），列别坚科的《静静的顿河童话》（1950），兹万采夫的《不同的趣事》（1957），古梅尔的《126000 个问题》（1959）等。

После долгой, жестокой испепеляющей войны наступил триумф победы. Атмосферу праздника передают плакаты В. Сурьянинова и С. Гинца. Справедливая цель, во имя которой боролся наш народ – защита Родины от агрессора – по своему морально-политическому и социально-психологическому воздействию на массы оказалась сильнее милитаристской психологии и теории расового превосходства, насаждавшихся идеологией фашизма.

Сурьянинов Василий Васильевич (1903-1991). Окончил ВХУТЕМАС в Москве (1928). Работал в области политического плаката, станковой графики, книжной иллюстрации. Заслуженный художник РСФСР (с 1974).

Гинц Стефан Иванович (1900-1960), график. Учился на архитектурном отделении 1-го Екатеринославского политехникума (1916-1919) и Ростове -на-Дону у А.Д. Силина. Работал в Ростове-на-Дону. Участник выставок с 1932. Иллюстрировал и оформлял книги для Ростовского книжного издательства: «Лягушка-путешественница» В.М. Гаршина (1936), «Что такое хорошо, что такое плохо» В.В. Маяковского (1937), «Сказки казаков-некрасовцев» (1945 и 1957), «Тарас Бульба» Н.В. Гоголя (1948), «Сказки Тихого Дона» П.В. Лебеденко (1950), «Разное смешное» С. Званцева (1957), «126000 вопросов», П.Н. Гуммеля (1959) и др.

104

全民的庆典——胜利日万岁！光荣属于英雄们！

Б.А. 穆欣
1945年
彩色石印
59厘米×85.5厘米

104

Да здравствует день всенародного торжества — праздник Победы! Слава героям!

Б.А. Мухин
1945 г.
Хромолитография
59см×85,5см

　　鲍里斯·亚历山大罗维奇·穆欣（1888-1979）是宣传画画家，也在造型艺术方面进行了多种类型和体裁的创作。1911年他从斯特罗加诺夫学校戏剧装饰部毕业，后在该学校低年级进行授课，同时担任学校博物馆保管员的助理。十月革命后，他在奥伦堡职业教育处工作，参与革命庆典的活动设计，制作戏剧舞台布景，还与莫斯科出版社和剧院合作（1922-1929）。他曾任莫斯科纺织学院绘画副教授（1936），莫斯科艺术工业学校教师（1939）。1941年8月至1960年代末，他与艺术出版社合作，创作表现爱国主义的政治和军事海报，其中歌颂苏联英雄、优秀军事指挥官以及俄罗斯文化领域活动家的作品尤为成功。他的作品造型风格接近于木版画。

　　Мухин Борис Александрович (1888-1979), плакатист, работал во многих видах и жанрах изобразительного искусства. Окончил Строгановское училище (1911) по декоративно-театральному отделению. Преподавал в младших классах этого училища и одновременно работал помощником хранителя Музея Училища. После Октябрьской революции работал в Оренбургском профобре, оформлял революционные праздники, делал театральные декорации. Сотрудничал с издательствами и театрами в Москве (1922-1929). Доцент по живописи Московского текстильного института (1936), преподаватель Московского художественно-промышленного училища (1939). С августа 1941 года до конца 1960-х годов сотрудничал с издательством «Искусство», работал в области политического и военно-патриотического плаката. Особенно удачными были работы, посвященные Героям Советского Союза, выдающимся полководцам, деятелям русской культуры. Изобразительный стиль этих работ часто был близок к лубку.

105

伟大的十月社会主义革命 30 周年万岁！

В.С. 梅德韦杰夫

1947年

纸、布、彩印

100.2厘米 × 65.8厘米

105

Да здравствует XXX годовщина Великой Октябрьской Социалистической революции!

В.С. Медведев

1947 г.

Бумага, ткань, печать цветная

100,2см×65,8см

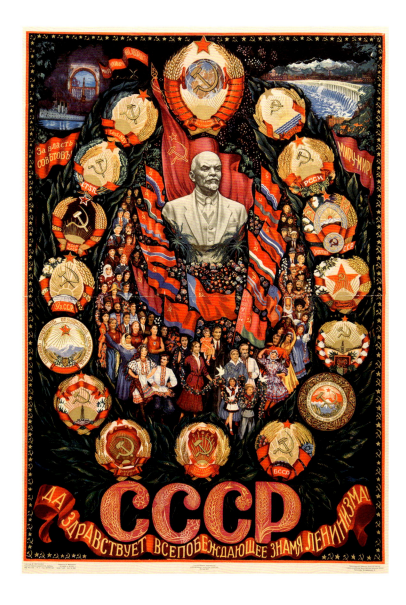

106

无坚不摧的列宁主义万岁!

M.A.涅斯捷洛娃－别尔金娜
1957年
纸质、胶印
81厘米×55.6厘米

106

Да здравствует всепобеждающее знамя ленинизма!

M.A. Нестерова-Берзина
1957 г.
Бумага, печать офсетная
81см×55,6см

玛利亚·亚历山大洛夫娜·涅斯捷洛娃－别尔金娜生于 1897 年，是版画家。她参加过伦敦国际海报展（1934）、格拉费卡艺术家夏季作品展览会（莫斯科，1936.12－1937.1），贸易、工业、旅游和体育国际海报展（1936）、国际妇女节女性艺术家作品画展（莫斯科，1939），苏联最高苏维埃非公开海报和木版画选举比赛（莫斯科，1945），第 8 届乌克兰艺术展（基辅，1945），苏联海报艺术展（莫斯科，1948），国际海报展览会（维也纳，1948，涅斯捷洛娃被授予一等奖），苏联海报巡回展览（1949－1950），"莫斯科艺术家海报和讽刺作品 40 年"展会（莫斯科，1958）。她还在卫国战争期间创作了海报木版画，歌颂战斗事件和人民英雄，表现保护社会主义祖国和苏联人民的主题以及奋斗在劳动战线的英雄，如《达丽亚·加尔曼什》。

Нестерова-Берзина Мария Александровна (р.1897), график. Участвовала в выставках: Международная выставка плакатов в Лондоне (1934), Выставка летних работ художников-графиков (Москва, декабрь 1936-январь 1937), Международная выставка плакатов, касающихся торговли, промышленности, туристского движения и спорта (1936), Выставка работ женщин-художниц к Международному женскому дню (Москва, 1939), Закрытый конкурс на плакат и лубок к выборам в Верховный Совет СССР (Москва, 1945), 8-я украинская художественная выставка искусства (Киев, 1945), Выставка художников советского плаката (Москва, 1948), Международная выставка плаката (Вена, 1948, М. Нестеровой присужден диплом первой степени), Передвижная выставка советского плаката (1949-1950), Выставка «Плакат и сатира за 40 лет в произведениях московских художников» (Москва, 1958). В годы Великой Отечественной войны художницей созданы плакаты-лубки, посвященные боевым эпизодам и конкретным героям, темам защиты социалистического отечества и советского народа, героям трудового фронта («Дарья Гармаш»).

107

光荣属于列宁的党！光荣属于人民
英雄，属于人民创造者！

К.К. 伊万诺夫、В.М. 布里斯金
1957年
纸、布、胶印
71.8厘米×123厘米

107

**Слава Ленинской партии! Слава народу-герою,
народу- созидателю!**

К.К. Иванов, В.М. Брискин
1957 г.
Бумага, ткань, офсет
71,8см×123см

康斯坦丁·康斯坦丁诺维奇·伊万诺夫是宣传画画家，1921 年出生。1946 年他开始经常创作宣传画，内容包括政治、广告、演出、启蒙各类题材。他还参与过画架素描画和雕塑创作，1974 年获得俄罗斯苏维埃社会主义共和国功勋艺术家称号。

韦尼阿明·马尔科维奇·布里斯金（1906-1982）是宣传画画家、漫画家、俄罗斯苏维埃联邦社会主义共和国功勋艺术家、苏联艺术家协会成员、苏联记者协会成员。他曾在哈尔科夫国立艺术工业学院学习，在梯弗里斯的东方黎明报社和速度杂志社担任编辑，之后搬到莫斯科，分别在青年近卫军、鳄鱼、接班人、共青团真理报、30 天出版社工作过。芬兰白匪战争时期他创作了"瓦夏 焦尔金"的形象，苏联卫国战争期间在苏联战士杂志社任艺术编辑（1941-1950），其后在造型艺术杂志社担任宣传画编辑艺术总编。

Иванов Константин Константинович (р.1921), плакатист. С 1946 года постоянно работал в жанре плаката, автор политических, рекламных, зрелищных, санитарно-просветительских плакатов; занимался также станковой графикой, живописью, скульптурой. Заслуженный художник РСФСР (с 1974).

Брискин Вениамин Маркович (1906-1982), плакатист, карикатурист. Заслуженный художник РСФСР. Член Союза художников СССР, член Союза журналистов СССР. Учился в Харьковском государственном художественно-промышленном институте. Работал в Тифлисе (сотрудничал в газете «Заря Востока», журнале «Темпы»), переехав в Москву, работал в издательстве «Молодая гвардия», в «Крокодиле», «Смене», «Комсомольской правде», «30 дней». Во время белофинской войны создал образ «Васи Теркина», во время Великой Отечественной войны служил в журнале «Советский воин» художественным редактором (1941-1950), затем работал художественным руководителем плакатной редакции издательства «Изобразительное искусство».

108

领袖列宁

В. С.伊万诺夫

1965年

纸质、彩印

66.5厘米×99.5厘米

108

Ленин – вождь

В. С. Иванов

1965 г.

Бумага, печать цветная

66,5см×99,5см

维克多·谢苗诺维奇·伊万诺夫（1909–1968）是版画家、俄罗斯苏维埃联邦社会主义共和国功勋艺术家（1955年起）、苏联艺术科学院通讯院士（1958年起）、苏联国家奖金获得者（1946，1949）。他1929年毕业于莫斯科纪念1905年州立艺术学校，1933年毕业于列宁格勒艺术科学院。在科学院学习期间，他师从博贝舍夫，同时在莫斯科卡尔多夫斯基工作室实习。他是写生画家，在素描、插图领域也工作过，还曾在战前几年做过电影艺术，那时期，他创作了一系列政治海报。从卫国战争时起，他主要创作政治海报，其中"列宁"系列占据特殊的地位。

Иванов Виктор Семенович (1909-1968), график. Заслуженный деятель искусств РСФСР (с 1955), член-корреспондент Академии художеств СССР (с 1958), лауреат Государственных премий СССР (1946, 1949). Окончил Московское областное художественное училище памяти 1905 года (1929) и Академию художеств в Ленинграде (1933), учился в Академии у М.П.Бобышова, также в студии Д.Н.Кардовского в Москве. Работал в станковой графике, иллюстрации; автор живописных произведений; в предвоенные годы был художником кино; тогда же исполнил ряд политических плакатов. Политический плакат становится ведущим в творчестве художника, начиная со времени Великой Отечественной войны. Среди многочисленных плакатов, созданных художником, особое место занимает серия «В.И.Ленин».

109

保持革命步调!

O.M. 萨瓦斯丘克、Б.A. 乌斯别斯基
1967年
纸质、胶版印刷
106.2厘米×67.5厘米

109

Революционный держите шаг!

O.M. Савостюк, Б.A. Успенский
1967 г.
Бумага, офсет
106,2см×67,5см

奥列格·米哈伊洛维奇·萨瓦斯丘克生于1927年，毕业于莫斯科国立苏里科夫艺术学院切列姆内赫宣传画工作室（1947–1953）。被授予俄罗斯苏维埃联邦社会主义共和国功勋艺术家称号（1970）。

鲍里斯·亚历山德罗维奇·乌斯别斯基生于1927年，毕业于莫斯科国立苏里科夫艺术学院切列姆内赫宣传画工作室（1942–1953）。他两次当选俄罗斯苏维埃联邦社会主义共和国艺术家协会秘书，被授予俄罗斯苏维埃联邦社会主义共和国功勋艺术家称号（1970）。

Савостюк Олег Михайлович (р. 1927). Окончил Московский государственный художественный институт имени В.И.Сурикова, плакатную мастерскую М. Черемныха (1947-1953). Заслуженный художник РСФСР (1970).

Успенский Борис Александрович (р. 1927).Окончил Московский государственный художественный институт имени В.И.Сурикова по плакатной мастерской М. Черемныха (1942-1953). Дважды избирался секретарем Союза художников РСФСР. Заслуженный художник РСФСР (1970).

УЧИТЬСЯ

УЧИТЬСЯ

110

学习，再学习！

С.А.奥卢强
1969年
纸质、彩印
85厘米×62厘米

110

Учиться и учиться!

С.А. Арутчян
1969 г.
Бумага, печать цветная
85см×62см

谢尔盖·阿维托维奇·奥卢强生于1912年，是戏剧与电影艺术家，版画家，亚美尼亚苏维埃社会主义共和国功勋艺术家（1956年起）。他出生于巴库，1936年毕业于埃里温理工学院建筑系。1934年《消息报》刊登了他的漫画《种瓜得瓜，种豆得豆》，作品获得了好评。其后，他的作品被刊登在加盟共和国和全苏报刊《火花》《红星》《共青团真理报》《鳄鱼》《喧嚣》等杂志上。他曾在列宁纳坎戏剧剧院和亚美尼亚埃里温戏剧剧院设计戏剧（1938-1940、1946、1957）。1939至1956年，他在埃里温电影制片厂指导电影。主要的宣传画作品有：《最后的支柱》（1953-1954）、《臭虫》（1956）、《和平》（1960）、《拯救》（1963）等。

Арутчьян (Арутчян) Сергей Аветович (р.1912), художник театра и кино, график. Заслуженный деятель искусств АрмССР (с 1956). Родился в Баку. Окончил архитектурный факультет Эриванского политехнического института (1936). Первое признание, как художника произошло в 1934, когда в газете «Известия» была напечатана его карикатура «Что посеешь, то и пожнешь». Его работы печатались в республиканской и всесоюзной прессе: «Огонек», «Красная звезда», «Комсомольская правда», «Крокодил», «Возни». Оформлял спектакли в Ленинаканском драматическом театре, Армянском драматическом театре в Ереване (1938-1940, 1946, 1957), фильмы на Ереванской киностудии (1939-1956). Исполнил плакаты: «Последняя подпорка» (1953-1954), «Поговорим о дряни» (1956), «Мир» (1960), «Спасли» (1963) и др.

111

上面就是社会主义竞赛的旗帜！

В. Б. 柯列茨基

1972年

纸质、胶版印刷

102厘米×68厘米

111

Выше знамя социалистического соревнования!

В. Б. Корецкий

1972 г.

Бумага,офсет

102см×68см

112	112
可靠的双手	**В надежные руки**
В. И. 西多尔丘克	В. И. Сидорчук
1976年	1976 г.
纸质、胶印	Бумага, офсет
97.9厘米×67.3厘米	97,9см×67,3см

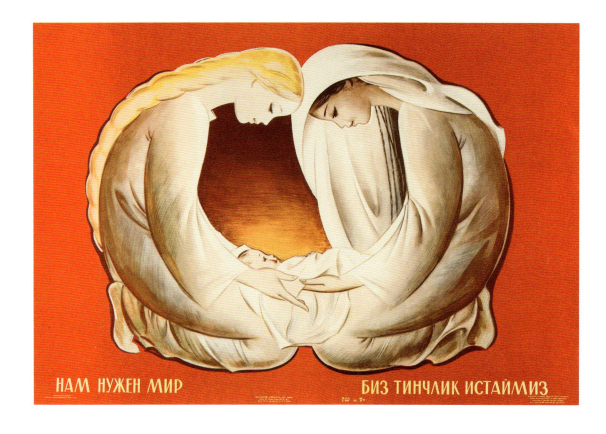

113
我们需要和平

M. B. 格罗梅卡
1973年
纸质、胶印
59.4厘米×88.7厘米

113
Нам нужен мир

M. B. Громыко
1973 г.
Бумага, офсет
59,4см×88,7см

米哈伊尔·弗谢沃洛多维奇·格罗梅卡1935年生于上海,是版画家、写生画家。1951至1952年,她在斯维尔德洛夫斯克艺术学校学习,1962毕业于塔什干戏剧艺术学院。创作有《停止!》(1962)、《让我永存!》(1963)、《乌兹别克苏维埃社会主义共和国40周年》(1964)、《在任何时刻学会帮助》(1965)等政治宣传画和招贴画作品。

温柔地保护宝宝进入梦乡的俄罗斯妇女的自然纯美,奠定了妇女保卫者永恒的最高价值。格罗梅卡的作品《我们需要和平》与前几十年的宣传画不同,海报的宣传性与诗歌的概括、比喻、夸张相结合。在处理母亲形象时,作者回归不受外界社会因素影响的原本的意义中。她依据于民俗传统,根据这个传统,孩子的诞生是一个奇迹。天地之爱融合于两个年轻女性的形象之中,她们怀抱婴儿——这是人类的希望。作品由乌兹别克斯坦出版社印制。

Громыко Михаил Всеволодович (р.1935 в Шанхае), график, живописец. Учился в Свердловском художественном училище (1951-1952). Окончил Ташкентский театрально-художественный институт (1962). Автор политических плакатов, агитплакатов: «Остановить!» (1962), «Пусть всегда буду я!» (1963), «Сорок лет Узбекской ССР» (1964), «Умей помочь в любую минуту» (1965) и др.

Натуральная красота русской женщины, любовно оберегающей сон малыша, утверждает извечную высшую ценность женщины-берегини. Работу Громыко «Нам нужен мир» отличает от плакатов предшествующих десятилетий соединение декоративной выразительности плакатного листа с обобщением, иносказанием, усилением поэтического начала. В трактовке образа материнства художник возвращается к его изначальному смыслу, независящему от социального контекста. Он опирается на традицию народного фольклора, согласно которой рождение ребенка – чудо. Любовь земная и любовь небесная воплощены в образах двух молодых женщин, бережно держащих на руках ребенка – надежду человечества. Работа напечатанна издательством «Узбекистан».

114

为了苏维埃政权！

В. Б.柯列茨基
1977年
纸质、胶印
第一部分：103.3厘米×67.8厘米
第二部分：103厘米×67.8厘米
第三部分：103.2厘米×66.5厘米

114

За власть Советов!

В. Б. Корецкий
1977 г.
Бумага, офсет
Ч.1: 103,5см×67,8 см
Ч.2: 103см×67,8 см
Ч.3: 103,2см×66,5 см

柯列茨基的三联画传承了几代人的伟大思维，如今被看作是对当时社会奉献精神和英雄主义遭受亵渎的一种反应。重复着"为了苏维埃政权！"呼声的内战英雄们的亡魂，时刻提醒着：对亡灵的亵渎毒害人们的心灵和整个社会有机体，而且不做出反击它是不会停止的。

Обыгрывая идею преемственности поколений, триптих Корецкого сегодня воспринимается как реакция в обществе в то время на осквернение жертвенности и героизма. Тени героев Гражданской войны, повторяя клич «За власть Советов», напоминали, что профанация культа умерших отравляет души людей и всего общественного организма и не остается без отмщения.

115

二十五大决议——加强锤子和镰刀的联盟！

Б. В.叶夫谢耶夫
1976年
纸质、胶版印刷
104.7厘米×66.2厘米

115

Решения XXV съезда КПСС - в жизнь! Крепи союз серпа и молота!

Б. В. Евсеев
1976 г.
Бумага, офсет
104,7см×66,2см

　　20世纪70年代，由于劳动热情的真正本质被虚化，艺术家开始呼吁创始人的权威。在共产主义劳动胜利中出版了大量带有列宁形象的海报，这些海报令新一代人折服。叶夫谢耶夫运用了握手的寓意，"金手"的符号重新出现在海报中。

　　В 1970-х годах реакцией художников на выхолащивание живой сути трудового энтузиазма было обращение к авторитету основоположников. Огромными тиражами издавались плакаты с образом В.И. Ленина, убеждавшего новые поколения в победе коммунистического труда. В плакаты возвращаются символы «золотых рук». Б. Евсеев прибегает к аллегории рукопожатия.

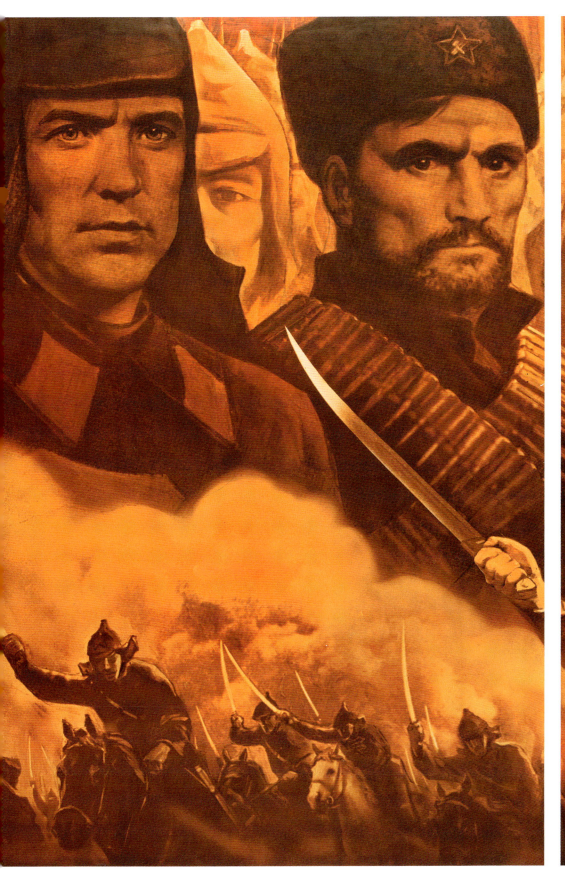

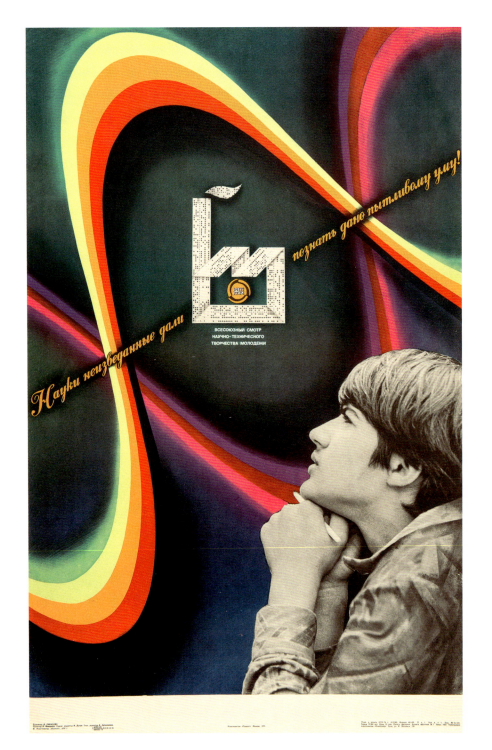

116

科学的未知性是为聪明上进的人准备的！
（又名"所有苏联人都在注视着年轻人的
科学技术作品"）

Л. С. 塔拉索娃
1978年
纸质、胶印
87.6厘米×55.8厘米

116

Науки неизведанные дали познать
дано пытливому уму! (Всесоюзный
смотр научно-технического творчества
молодежи)

Л. С. Тарасова
1978 г.
Бумага, офсет
87,6см×55,8см

　　柳德米拉·谢苗诺夫娜·塔拉索娃出生于 1937 年，毕业于莫斯科高等艺术工业学校（前身为斯特罗家诺夫学校）。她是全苏联宣传画展览、国际苏联宣传画展览的参与者。

　　Тарасова Людмила Семеновна (р.1937). Окончила Московское высшее художественно-промышленное училище (бывш. Строгановское). Участница всесоюзных выставок плаката, выставок советского плаката за рубежом.

117

生活不要单一，要心怀热忱！

С.П.科罗廖夫、Л.С.塔拉索娃
1979年
纸质、彩印
87.2厘米×56.1 厘米

117

Жить просто - нельзя, жить нужно с увлечением!

С.П. Королев, Л. С. Тарасова
1979 г.
Бумага, печать офсетная
87,2см×56,1см

宣传画作者柳德米拉·谢苗诺夫娜·塔拉索娃出生于1937年。宣传画中的文字来自于谢尔盖·巴甫洛维奇·科罗廖夫（1906-1966），他是苏联学者、设计工程师，是苏联宇宙火箭技术和火箭武器制造主要组织人、应用航天技术奠基人、苏联科学院院士、苏联宇宙火箭总设计师。

Художник плаката Тарасова Людмила Семеновна (р.1937). Текст на плакате—Королёв Сергей Павлович (1906-1966) . Королёв советский учёный, инженер-конструктор, главный организатор производства ракетно-космической техники и ракетного оружия в СССР и основоположник практической космонавтики. Академик АН СССР. Генеральный конструктор ракетно-космической промышленности СССР.

118

谢谢，祖国的爱和关心！教师

В.科纽霍夫
1981年
纸质、胶版印刷
96厘米×64.7厘米

118

Спасибо, Родина, за любовь и заботу! Учитель

В. Конюхов
1981 г.
Бумага, офсет
96см×64,7см

知识日作为"国定假日"，从1984年9月1日起按照苏联最高苏维埃的决议开始庆祝。在此之前，在不同时期出现了"第一声铃响"、"最后的铃声"、"毕业舞会"的传统。教师节在学校生活中变得尤为重要。学校教育最重要的目的是劝诫学生尊重传统社会主要标志和制度的权威——即祖国、国家。

День знаний, как «всенародный праздник» стал отмечаться с 1 сентября 1984 года в соответствии с Постановлением Верховного Совета СССР. До этого, в разное время возникли традиции «первого звонка», «последнего звонка», «выпускного вечера». Особое значение в школьной жизни приобрел День учителя. Важнейшей целевой установкой школьного воспитания было внушение уважения к авторитету главных символов и институтов традиционного общества — Родине, Государству.

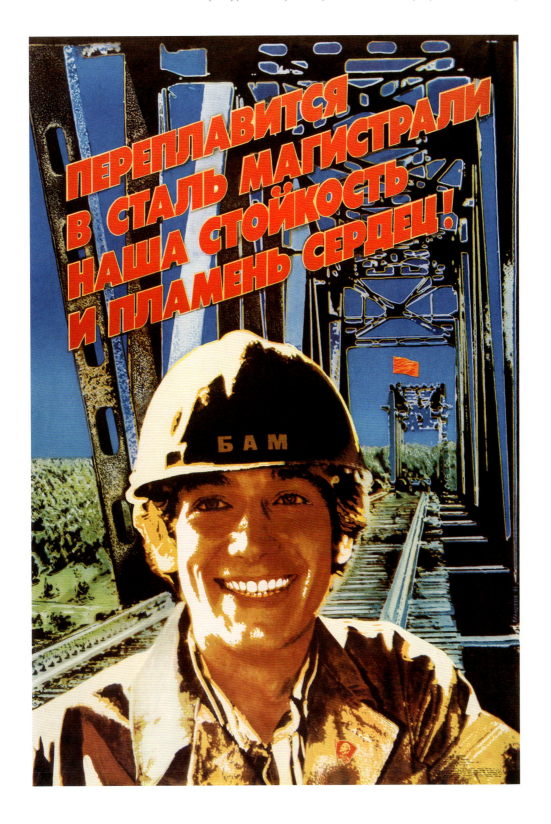

119

我们内心的顽强和炎热是铸成铁路的钢铁！

Г. 马拉费耶夫
1983年
纸质、胶印
97厘米×65厘米

119

Переплавится в сталь магистрали наша
стойкость и пламень сердец!

Г. Малофеев
1983 г.
Бумага, офсет
97см×65см

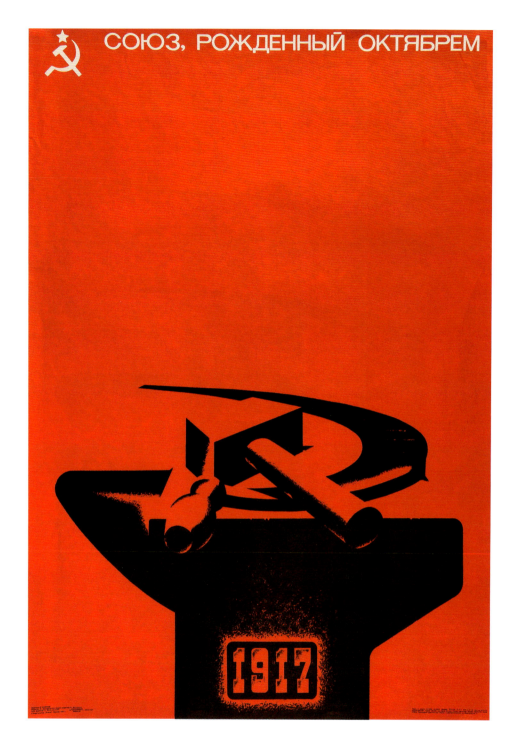

120

十月革命下诞生的联盟

C. A.沙胡诺夫、A.巴宾科、B.阿科皮扬
1987年
纸质、胶印
96.5厘米×66.9厘米

120

Союз, рожденный Октябрем

С. А. Шахунов, А. Бабенко, В. Акопян
1987 г.
Бумага, печать офсетная
96,5см×66,9см

谢尔盖 · 亚历山德罗维奇 · 沙胡诺夫 1938 年生于塞瓦斯托波尔。作品为纪念伟大的十月革命 70 周年而创作，曾参与第七届全苏政治宣传画展览（莫斯科，1987）。

Шахунов Сергей Александрович (р. 1938, Севастополь).Картина посвященная 70-летию Великого Октября, 7-й Всесоюзной выставки плаката (Москва, 1987)

121

1917 年 10 月，革命在继续！

M. B. 卢基扬诺夫

1989年

纸质、胶印

67.4厘米×96.5厘米

121

1917 Октябрь. Революция продолжается!

М. В. Лукьянов

1989 г.

Бумага, печать офсетная

67,4см×96,5см

米龙·弗拉基米罗维奇·卢基扬诺夫（1936–2007），1960 年毕业于莫斯科国立苏里科夫艺术学院宣传画工作室，同年从事电影海报工作。70 年代初从事社会政治宣传工作，曾在造型艺术和宣传画出版社工作。主要作品：《燃烧的岛屿》（1962）、《我的莫斯科，永远的闪耀，你是和平与劳动的象征！》（1972）、三联画《党——我们时代的智慧、荣誉和良心》（1975）、《列宁，十月》（1979）、《光荣属于苏联水兵》（1979）等，被授予俄罗斯苏维埃联邦社会主义共和国功勋艺术家称号（1993）。

Лукьянов Мирон Владимирович (1936-2007).В 1960 окончил мастерскую плаката Московского государственного художественного института им. В.И. Сурикова. В 1960-е много работал в киноплакате. С начала 1970-х занимался главным образом общественно-политическим плакатом, сотрудничал в издательствах «Изобразительное искусство» и «Плакат». Основные произведения: «Пылающий остров» (1962), «Москва моя, сияй всегда, ты символ мира и труда!» (1972), триптих «Партия — ум, честь и совесть нашей эпохи» (1975),«Ленин. Октябрь» (1979), «Славасоветскимморякам» (1979) и т.д.Заслуженный деятель искусств Российской федерации (1993).

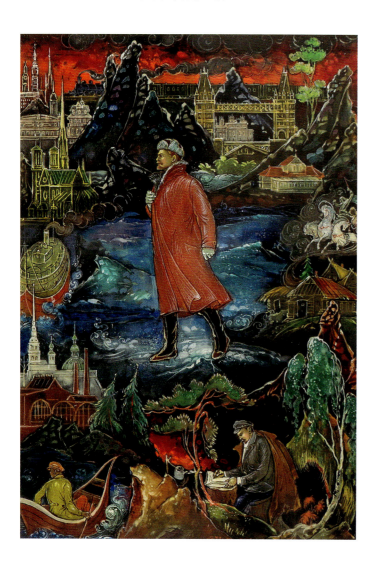

122	**122**	**123**	**123**
列宁侨居国外	**Ленин в эмиграции**	沿列宁之路	**По Ленинскому пути**
А.В. 卡瓦列夫	А.В. Ковалев	А.В. 卡瓦列夫	А.В. Ковалев
1970年	1970 г.	1970年	1970 г.
纸质、水彩画	Бумага, акварель	纸质、水彩画	Бумага, акварель
9.5厘米×6.5厘米	9,5см×6,5см	9.5厘米×6.5厘米	9,5см×6,5 см

　　阿列克谢·维克托洛维奇·卡瓦列夫（1915-2017），1953年成为俄罗斯苏维埃联邦社会主义共和国艺术家联盟成员，1974年获得俄罗斯苏维埃联邦社会主义共和国功勋艺术家称号。2014年，帕列赫艺术90周年之际，普京向艺术家表达俄罗斯联邦总统的感谢，感谢他在国家文化发展中的功绩与多年卓越的工作。

　　Ковалев Алексей Викторович (1915-2017), член Союза художников РСФСР с1953. Заслуженный художник РСФСР (1974). В 2014 в дни празднования 90-летия искусства Палеха, распоряжением В. В. Путина художнику за заслуги в развитии отечественной культуры и многолетнюю плодотворную деятельность была объявлена благодарность Президента РФ.

帕列赫艺术家卡瓦列夫致力于列宁诞辰 100 周年的题材创作，利用漆画技术完成了 12 幅装饰板水彩画草图。帕列赫微型彩画生成时正好是苏联政权确立时期。自然地，帕列赫人顺应新风格发掘了现代主题。它不仅形式上与作品的思想内容相关，而且与帕列赫绘画的美观性相一致。

Художник Палеха А.В. Ковалев, работая над темой к 100-летию со дня рождения В.И. Ленина, выполнил 12 эскизов — акварельных рисунков для плакет в технике лаковой живописи. Становление палехской миниатюры пришлось на период становления Советской власти. Естественно, что палешане наряду с освоением нового стиля, осваивали и современные темы. Необходимо было найти форму, соответствующую не только идейному содержанию миниатюры, но и самому характеру палехской живописи с ее декоративностью.

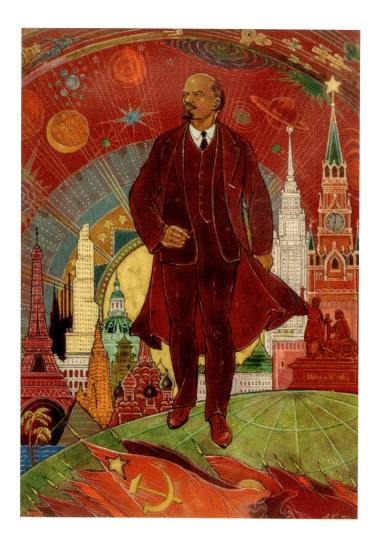 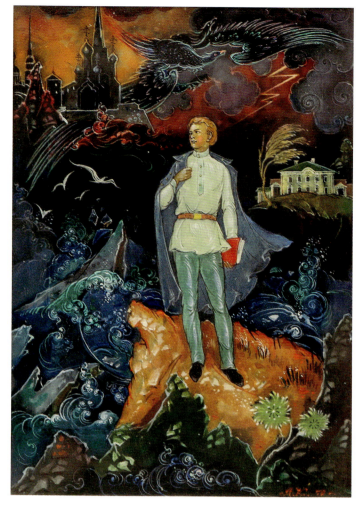

124

列宁如今更有生命力

А.В.卡瓦列夫
1970年
纸质、水彩画
9.5厘米×6.5厘米

125

我们另辟蹊径

А.В.卡瓦列夫
1970年
纸质、水彩画
9.5厘米×6.5厘米

124

Ленин и теперь живее всех живых

А.В. Ковалев
1970 г.
Бумага, акварель
9,5см×6,5см

125

Мы пойдем другим путем

А.В. Ковалев
1970 г.
Бумага, акварель
9,5смх6,5см

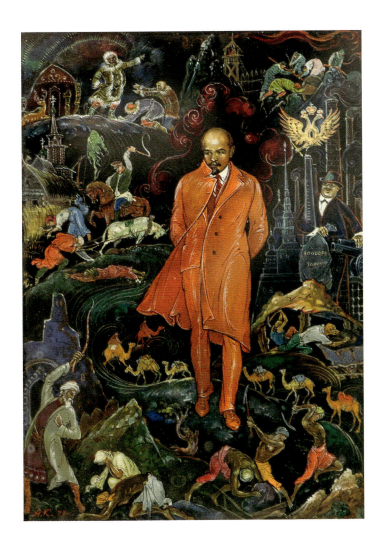

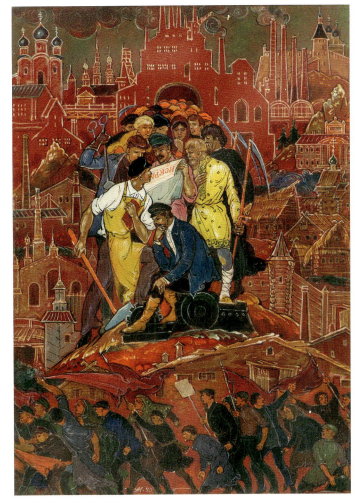

126

放眼俄罗斯

А.В. 卡瓦列夫
1970年
纸质、水彩画
9.5厘米×6.5厘米

127

星火燎原！昨天是四，今天是四百。

А.В. 卡瓦列夫
1970年
纸质、水彩画
9.5厘米×6.5厘米

126

Ты на Россию глянь

А.В. Ковалев
1970 г.
Бумага, акварель
9,5смх6,5см

127

Искра! Вчера - четыре, сегодня – четыреста

А.В. Ковалев
1970 г.
Бумага, акварель
9,5см×6,5см

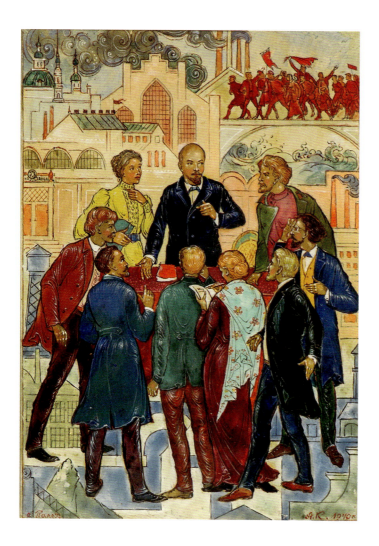

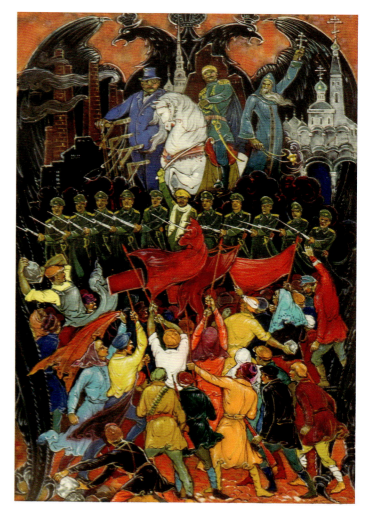

128

为解放工人阶级而奋斗的联盟

A.B.卡瓦列夫
1970年
纸质、水彩画
9.5厘米×6.5厘米

128

Союз борьбы за освобождение рабочего класса в России

А.В. Ковалев
1970 г.
Бумага, акварель
9,5см×6,5см

129

1905 年

A.B. 卡瓦列夫
1970年
纸质、水彩画
9.5厘米×6.5厘米

129

1905 год

А.В. Ковалев
1970 г.
Бумага, акварель
9,5см×6,5см

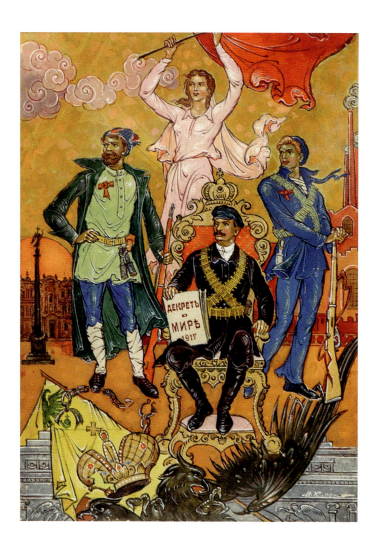

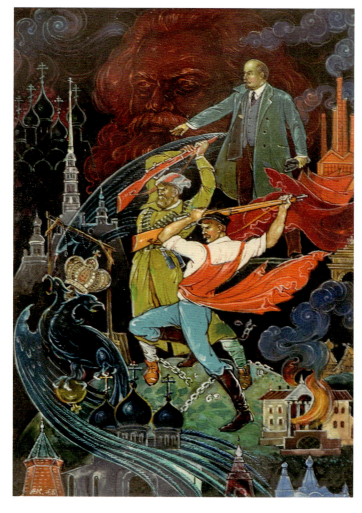

130

给人们带来和平

A.B. 卡瓦列夫
1970年
纸质、水彩画
9.5厘米×6.5厘米

130

Мир народам

А.В. Ковалев
1970 г.
Бумага, акварель
9,5см×6,5 см

131

一切权力归苏维埃

A.B. 卡瓦列夫
1970年
纸质、水彩画
9.5厘米×6.5厘米

131

Вся власть Советам

А.В. Ковалев
1970 г.
Бумага, акварель
9,5см×6,5 см

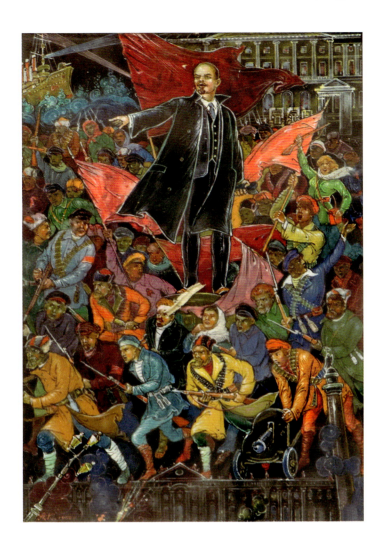

132

社会主义革命万岁

A.B. 卡瓦列夫
1970年
纸质、水彩画
9.5厘米×6.5厘米

133

土地归农民所有

A.B. 卡瓦列夫
1970年
纸质、水彩画
9.5厘米×6.5厘米

132

Да здравствует социалистическая революция

А.В. Ковалев
1970 г.
Бумага, акварель
9,5см×6,5см

133

Земля крестьянам

А.В. Ковалев
1970 г.
Бумага, акварель
9,5см×6,5 см

134

盒子："春汛"

Б.Н. 库库里耶夫
1969年
纸板、胶画颜料、金、漆、小型彩画
2厘米×2.2厘米×3.8厘米
伊万诺沃州，帕列赫

134

Бисерница. "Разлив"

Б.Н. Кукулиев
1969 г.
Папье-маше, темпера яичная, золото, лак,
миниатюра лаковая
2см×2,2см×3,8см
Ивановская обл., пос. Палех

鲍里斯·尼古拉耶维奇·库库里耶夫1936年出生，是俄罗斯苏维埃联邦社会主义共和国功勋艺术家（1974），俄罗斯苏维埃联邦社会主义共和国人民艺术家（1985），列宁共青团奖金获得者（1970），俄罗斯苏维埃联邦社会主义共和国艺术家联盟成员（1966），国家奖金获得者（1996）。

"如何使列宁肖像中的图案发声？是否在列宁的衣服上加上金饰？《春汛》中象征性的山，童话的树木屋能否相融？"渐渐地，帕列赫艺术家找到了列宁"自己的"风格。列宁的形象通常是全身，半侧，穿着在风中飘扬的大衣，目光望向远方。这不是真正的肖像，而是革命领袖的象征形象。库库里耶夫的作品中常出现这样的形象。

Кукулиев Борис Николаевич (р. 1936), заслуженный художник РСФСР (1974), народный художник РСФСР (1985), лауреат премии Ленинского комсомола (1970), член Союза художников РСФСР (1966), лауреат Государственной премии (1996).

«Как зазвучит орнамент на ленинском портрете? Впишется ли золото в костюм Ильича? Будут ли гармонировать условные горки, сказочные деревья с шалашом в Разливе?». Постепенно палехские художники нашли «свой» образ В.И. Ленина. Фигура Ленина, как правило, представлена в полный рост, в пол-оборота, в развевающемся на ветру пальто, взгляд его устремлен вперед – это не портрет, а образ-символ вождя революции. Таким предстает Ленин на поражающей виртуозностью живописи бисернице Кукулиева.

135

盒子：“奔向新生活”

P.A. 斯米尔诺娃
1969年
纸板、胶画颜料、金、漆、小型彩画
4厘米×4.7厘米×3.4厘米
伊万诺沃州，帕列赫

135

Ларчик. "К новой жизни"

Р.А. Смирнова
1969 г.
Папье-маше, темпера яичная, золото, лак, миниатюра лаковая
4см×4,7см×3,4см
Ивановская обл., пос. Палех.

136

盒子："列宁真理报"

Ю.库兹涅佐夫
1973年
纸板、胶画颜料、金、漆、小型彩画
6厘米×7.6厘米×3.4厘米
伊万诺沃州，帕列赫

136

Шкатулка. Ленинская "Правда"

Ю. Кузнецов
1973 г.
Папье-маше, темпера яичная, золото, лак, миниатюра лаковая
6см×7,6см×3,4см
Ивановская обл., пос. Палех.

展览展出了第三代、第四代帕列赫画派艺术家的作品，他们吸取了前辈丰富的经验。库兹涅佐夫和佩斯科夫的作品以革命为主题，通过对历史事件的创造性理解，采用了复杂的多图组合方式。作品以精湛的绘画技巧、大胆的人物题材和标志的使用而著称。帕列赫灵活且富于多变的绘画语言对于描述一个迅速变化的国家来说是非常适合的。

尤里·尼古拉耶维奇·库兹涅佐夫生于1949年，1966至1971年就读于帕列赫艺术学校。从1971年起在帕列赫艺术制造工作室工作，其作品常以民俗与文学的内容为主题。

В экспозиции выставки представлены произведения художников, относящихся к третьему и четвертому поколению палехских миниатюристов, впитавших в себя весь богатый опыт своих предшественников. Произведения Кузнецова и Пескова, созданные на темы революции, – это сложные многофигурные композиции, основанные на творческом осмыслении исторических событий. Эти произведения отличают виртуозность исполнения, а также смелое использование иконографических сюжетов и символов. Динамичный, экспрессивный живописный язык Палеха оказался очень уместным для описания стремительных перемен, происходивших в стране.

Кузнецов Юрий Николаевич (р. 1949). Учился в Палехском художественном училище (1966-1971). Работал в Палехских художественно-производственных мастерских (с 1971). Тематика произведений: фольклор, литература.

137

盒子："激情年代"

A.C. 佩斯科夫
1969年
纸板、胶画颜料、金、漆、小型彩画
6厘米×27厘米×20厘米
伊万诺沃州，帕列赫

137

Шкатулка. "Пламенные годы"

А.С. Песков
1969 г.
Папье-маше, темпера яичная, золото, лак,
миниатюра лаковая
6см×27см×20см
Ивановская обл., пос. Палех

阿纳托利·谢尔盖耶维奇·佩斯科夫（1939-1993），1956 至 1961 年就读于帕列赫艺术学校，1961 至 1989 年在帕列赫艺术制造工作室工作，并曾在帕列赫学校教学（1978-1990）。佩斯科夫还从事巨幅和戏剧布景绘画，其作品以革命历史和风俗为主题，1971年成为俄罗斯苏维埃联邦社会主义共和国艺术家协会成员。

Песков Анатолий Сергеевич (1939-1993). Учился в Палехском художественном училище (1956-1961), работал в Палехских художественно-производственных мастерских (1961-1989), преподавал в училище Палеха (1978-1990), занимался монументальной и театрально-декорационной живописью. Тематика произведений: революционная история, жанровые сцены.Член Союза художников РСФСР (с 1971).

138

盒子：“新农村”

К.С. 博卡列夫

1969年

纸板、胶画颜料、金、漆、小型彩画

9.1厘米×16.3厘米×10厘米

伊万诺沃州，帕列赫

138

Ларчик. "За новую деревню"

К.С. Бокарев

1969 г.

Папье-маше, темпера яичная, золото, лак, миниатюра лаковая

9,1см×16,3см×10см

Ивановская обл., пос. Палех

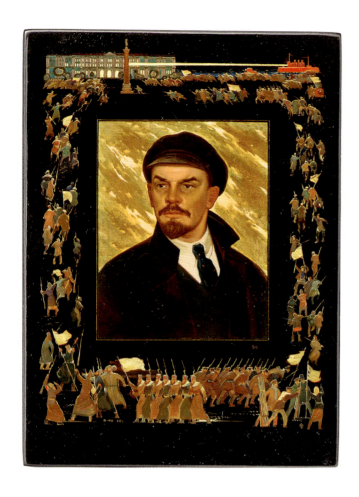

139
十月·1917 年

В.Н. 弗罗洛夫
1968年
纸板、水胶颜料、漆、小型彩画
18.8厘米×14厘米
费多斯基诺

139
Октябрь. 1917 г.

В.Н. Фролов
1968 г.
Папье-маше, масло, лак, миниатюра лаковая.
18,8см×14см
Федоскино

维克多·尼古拉耶维奇·弗罗洛夫（1931-2008）是俄罗斯苏维埃联邦社会主义共和国功勋艺术家，公认的费多斯基诺艺术大师之一。

如果里宾斯基描绘的是人物的具体形象，那么弗罗洛夫走的则是模仿风格的绘画道路，他创建了符号形象。他的墙画《十月·1917 年》是本次展览最有趣的作品之一。木板画中心是列宁像。他带着便帽，穿着薄大衣，衣领竖起，目视前方。他的周围是无数拿枪和红旗的士兵的侧影，他们雄赳赳气昂昂、极速地向冬宫迈进。"阿芙乐尔"号的轮廓在这个专制制度堡垒的一侧。船上明亮的探照灯照向宫殿，瞬间——群起的强攻给人们带来了自由和幸福。

Фролов Виктор Николаевич (1931-2008). Заслуженный художник РСФСР, один из признанных мастеров Федоскино.

Если Липицкий пишет конкретный образ человека, то Фролов идет по пути стилизации. Он создает образ-символ. Его пластина «Октябрь. 1917 г.» является одним из самых интересных произведений выставки. «На пластине в центре композиции образ Ленина. Владимир Ильич в кепке, в легком пальто с поднятым воротником, взгляд его устремлен вперед. Вокруг ленинской фигуры многочисленные силуэты красногвардейцев с винтовками и кумачовыми флагами. Стремительной, неуловимой лавиной они движутся к Зимнему дворцу. На одной горизонтали с цитаделью самодержавия контуры красной «Авроры». Яркий, слепящий луч корабельного прожектора направлен на дворец. Мгновение – и народный штурм принесет людям свободу и счастье.

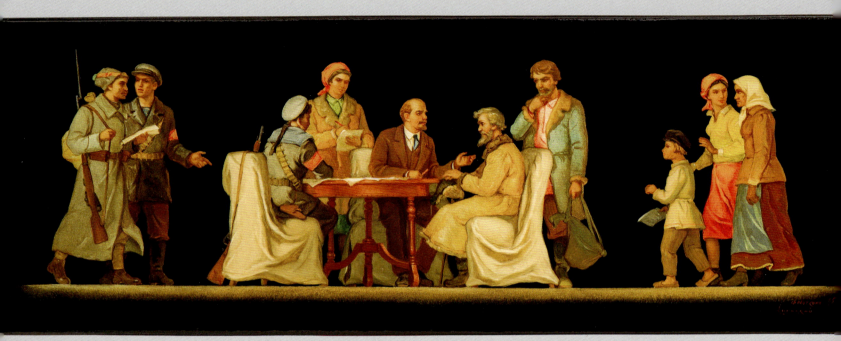

140

拜访伊里奇

В.Д. 里宾斯基
1967年
纸板、水胶颜料、漆、小型彩画
11.6厘米×33厘米
费多斯基诺

140

В гости к Ильичу

В.Д. Липицкий
1967 г.
Папье-маше, масло, лак, миниатюра лаковая
11,6см×33см
Федоскино

维克多·德米特里耶维奇·里宾斯基（1921－1994）是苏联艺术家联盟成员，俄罗斯苏维埃联邦社会主义共和国功勋艺术家，列宾国家奖金获得者。天才的写生画家里宾斯基试图展现苏联国家元首的个人品质。在他的主题微型画《拜访伊里奇》中，列宁是一位细心的交谈者，理解并帮助所有代表。这幅列宁的肖像画表现了特殊的情感、热情与真诚。

Липицкий Виктор Дмитриевич (1921-1994), член Союза художников СССР, заслуженный художник РСФСР, лауреат Государственной премии им. И.Е. Репина.Талантливый живописец Липицкий стремится показать человеческие качества руководителя Советского государства. В его сюжетной миниатюре «В гости к Ильичу» Ленин предстает внимательным собеседником, готовым понять и прийти на помощь любому «ходоку». Этот портрет В.И. Ленина отличает особый лиризм, теплые, искренние интонации.

141

盒子："迎接曙光"

Г.В. 斯克利布诺夫
1969年
纸板、水胶颜料、漆、小型彩画
2.5厘米 × 8.3厘米 × 4.4厘米
费多斯基诺

141

Коробочка. "Заре навстречу".

Г.В. Скрипунов
1969 г.
Папье-маше, масло, лак, миниатюра лаковая
2,5см × 8,3см × 4,4см
Федоскино

根纳季·韦涅季克托维奇·斯克利布诺夫生于 1923 年，1941 至 1945 年参加了苏联卫国战争，1953 年毕业于莫斯科加里宁艺术学校的微型艺术涂漆专业。他在微型艺术涂漆费多斯基诺工厂工作了 30 多年，创作了 200 多件作品，其创作的小型彩画歌颂了自然的美丽。1967 年，他成为俄罗斯苏维埃联邦社会主义共和国艺术家协会成员，他还被授予俄罗斯功勋艺术家称号。

Скрипунов Геннадий Бенедиктович (р.1923), Участник Великой Отечественной войны 1941-1945 г.г. В 1953 окончил Московское художественное училище им. М. И. Калинина по специальности лаковой миниатюры. Более 30 лет проработал на Федоскинской фабрике лаковой миниатюры. Создал более 200 авторских работ. Работает и с акварелью, воспевает красоту родной природы. С 1967 член Союза художников РСФСР. Удостоен звания Заслуженный художник России.

142
盒子："和平法令"

В.И.卡尔萨科夫
1969年
纸板、水胶颜料、漆、小型彩画
4厘米×9.2厘米×7.1厘米
姆斯捷拉

142
Шкатулка. "Декрет о мире"

В.И. Корсаков
1969 г.
Папье-маше, темпера, лак, миниатюра лаковая
4см×9,2см×7,1см
Мстера

　　姆斯捷拉的工匠们创造了很多当代题材的作品——领袖列宁、斯大林的画像和表现战斗和劳动功勋的微缩画。这些让人联想起小型风景板画作品在表现思维宽度和形象准确性上都非常出众。姆斯捷拉的知名画家卡尔萨科夫在自己的微型画《和平法令》中，传达了苏维埃政府颁布第一法令的热潮。从题材和艺术手法看，此作品是最具姆斯捷拉风格特色的作品。

　　瓦西里·伊万诺维奇·卡尔萨科夫1921年出生，是俄罗斯苏维埃联邦社会主义共和国艺术家联盟成员（1940），从1937年成为"无产阶级艺术"合作社艺术家、理事会主席。1954至1982年，在姆斯捷拉艺术专科工艺学校教授小型彩画。卫国战争初期，他加入了莫斯科－维泽马基地防御工程的建设，参加了第34中央红军的战斗，担任排长。1942年10月被派往远东前线，同日军作战，被授予"勇士勋章""战斗勋章""战胜德军勋章""战胜日本勋章"等纪念勋章。

　　Мстерские мастера создали много произведений на современную тему – это и портреты вождей Ленина и Сталина и миниатюры с изображением военных и трудовых подвигов. Эти произведения, напоминающие маленькие живописные панно, отличаются широтой замысла и четкостью его воплощения. Признанный живописец Мстеры Корсаков в своей миниатюре «Декрет о мире» сумел передать пафос одного из первых актов Советской власти. По сюжету и художественным приемам это произведение наиболее характерно для стиля Мстеры.

　　Корсаков Василий Иванович (р. 1921) , член Союза художников РСФСР с 1940 года. С 1937 года - художник артели "Пролетарское искусство", председатель правления артели. С 1954 по 1982 год преподавал миниатюрную живопись в Мстерской художественной профтехшколе. С первых дней войны участвовал в строительстве оборонительных сооружений на Московско-Вяземском плацдарме. Участвовал в боявх составе 34-й армии Центрального фронта. Командир взвода. В октябре 1942 года направлен на Дальневосточный фронт. Сражался против японских милитаристов. Награжден медалями: «За отвагу», «За боевые заслуги», «За победу над Германией», «За победу над Японией», юбилейными.

143

绘有列宁肖像的装饰花瓶："列宁格勒——革命的摇篮"

A. A. 亚茨克维奇
1947年
陶瓷，釉上彩绘，贴金
84厘米×22厘米×15厘米

143

Ваза декоративная ."Ленинград - колыбель революции" с портретом В.И. Ленина

А. А. Яцкевич
1947 г.
Фарфор, позолота, надглазурная роспись
84см×22см×15см

144

苏联和加盟共和国国徽系列装饰盘: "苏联50年"

谢苗诺夫生产联合会
1972年
木、金属、绘饰、漆
高: 2.3厘米; 直径: 52厘米
高: 2厘米; 直径: 20厘米

144

Набор декоративных тарелок с изображением гербов СССР и союзных республик."50 лет СССР".

Семёновское производственное объединение
1972 г.
Дерево (липа), металл (жесть), роспись, лак
Высота: 2,3см; D:52см
Высота: 2см; D:20см

苏联国徽装饰盘

高：2.3厘米；直径：52厘米

Герб СССР. Тарелка декоративная.

Высота: 2,3см; D: 52см

俄罗斯苏维埃联邦社会主义共和国国徽装饰盘

高：2厘米；直径：20厘米

Герб Российской СФСР. Тарелка декоративная.

Высота: 2см; D: 20см

白俄罗斯苏维埃联邦社会主义共和国国徽装饰盘

高：2厘米；直径：20厘米

Герб Белорусской ССР. Тарелка декоративная.

Высота: 2см; D: 20см

乌兹别克苏维埃联邦社会主义共和国国徽装饰盘

高：2厘米；直径：20厘米

Герб Узбекской ССР. Тарелка декоративная.

Высота: 2см; D: 20см

阿塞拜疆苏维埃联邦社会主义共和国国徽装饰盘

高：2厘米；直径：20厘米

Герб Азербайджанской ССР. Тарелка декоративная.

Высота: 2см; D: 20см

哈萨克苏维埃联邦社会主义共和国国徽装饰盘

高：2厘米；直径：20厘米

Герб Казахской ССР. Тарелка декоративная.

Высота: 2,0 см; D: 20см

爱沙尼亚苏维埃联邦社会主义共和国国徽装饰盘

高：2厘米；直径：20厘米

Герб Эстонской ССР. Тарелка декоративная.

Высота: 2см; D: 20см

拉脱维亚苏维埃联邦社会主义共和国国徽装饰盘

高：2厘米；直径：20厘米

Герб Латвийской ССР. Тарелка декоративная.

Высота: 2,0см; D: 20см

乌克兰苏维埃联邦社会主义共和国国徽装饰盘

高：2厘米；直径：20厘米

Герб Украинской ССР. Тарелка декоративная.

Высота: 2,0см; D: 20см

土库曼苏维埃联邦社会主义共和国国徽装饰盘

高：2厘米；直径：20厘米

Герб Туркменской ССР.Тарелка декоративная..

Высота: 2см; D: 20см

塔吉克苏维埃联邦社会主义共和国国徽装饰盘

高：2厘米；直径：20厘米

Герб Таджикской ССР. Тарелка декоративная.

Высота: 2см; D: 20см

立陶宛苏维埃联邦社会主义共和国国徽装饰盘

高：2厘米；直径：20厘米

Герб Литовской ССР. Тарелка декоративная.

Высота: 2см; D: 20см

摩尔达维亚苏维埃联邦社会主义共和国国徽装饰盘

高：2厘米；直径：20厘米

Герб Молдавской ССР. Тарелка декоративная.

Высота: 2см; D: 20см

亚美尼亚苏维埃联邦社会主义共和国国徽装饰盘

高：2厘米；直径：20厘米

Герб Армянской ССР. Тарелка декоративная.

Высота: 2см; D: 20см

格鲁吉亚苏维埃联邦社会主义共和国国徽装饰盘

高：2厘米；直径：20厘米

Герб Грузинской ССР. Тарелка декоративная.

Высота: 2см; D: 20см

吉尔吉斯苏维埃联邦社会主义共和国国徽装饰盘

高：2厘米；直径：20厘米

Герб Киргизской ССР. Тарелка декоративная.

Высота: 2см; D: 20см

涂黑漆的"苏联50年"木制平板

5厘米×21厘米×6厘米

Аннотация: Пластина с надписью «50 лет СССР».

5см×21см×6см

145

国际象棋

П.Г. 捷连季耶夫

1923年

骨头、呢绒、雕刻

带棋盘的象棋盒子：29.7厘米×30厘米×7.3厘米

带题词的骨制平板：4厘米×19厘米

145

Шахматы

П.Г. Терентьев

1923 г.

Кость, сукно, резьба

Футляр для шахмат с шахматным полем: 29,7см×30см×7,3см

Пластинка из кости с дарственной надписью: 4см×19см

　　西伯利亚手工业委员会送给列宁的礼物，以纪念第一届全苏农业和手工业展览会。象棋由猛犸象骨制成，身着鹿皮镶毛边的国王棋子附近是带弓的猎人。皇后形象是身着民族服饰的女性雕像。

　　Подарок В.И. Ленину от Сибкустпрома - в память о Первой Всесоюзной Сельско-Хозяйственной и Кустарно-Промышленной выставке. Шахматы выполнены из мамонтовой кости. Около фигуры короля в малице, оторо́ченной мехом, стоят охотники с луками. Ферзей изображают статуэтки женщин в национальных одеждах.

白色国王、白色王后：6.6厘米×2.8厘米

白色的象：6.4厘米×2.8厘米

白色的马：4.9厘米×2.8厘米

白色的炮：4.9厘米×2.8厘米

白色士兵：4厘米×2.2厘米

Король белый, Королева белая: 6,6см×2,8см

Слон белый: 6,4см×2,8см

Конь белый: 4,9см×2,8см

Ладья белая: 4,9см×2,8см

Пешка белая: 4см×2,2см

黑色国王、黑色王后：6.7厘米×2.8厘米

黑色的象：6.1厘米×3厘米

黑色的马：5厘米×2.8厘米

黑色的炮：4.5厘米×2.8厘米

黑色士兵：4.5厘米×2.2厘米

Король черный, Королева черная: 6,7см×2,8см

Слон черный: 6,1см×3см

Конь черный: 5см×2,8см

Ладья черная: 4,5см×2,8см

Пешка черная: 4,5см×2,2см

ПУСТЬ ЖИВЁТ И КРЕПНЕТ
НЕРУШИМАЯ ДРУЖБА И СОТРУДНИЧЕСТВО
СОВЕТСКОГО И КИТАЙСКОГО НАРОДОВ!

第 三 部 分
中 苏 的 友 谊

Раздел III Дружба КНР и СССР

十月革命一声炮响，给中国送来了马克思列宁主义。孙中山先生向苏俄政府致电，"希望中俄两国革命党团结一致，共同奋斗"。北京大学教授李大钊发表了《庶民的胜利》和《布尔什维主义的胜利》两篇文章，热烈歌颂十月革命和马克思主义。1919年，苏维埃人民委员会发布宣言，宣布拒绝沙皇政府通过不平等条约获得的特权，并表示愿意与中国建立友好关系。1937年，日本帝国主义发动全面侵华战争，苏联首先向中国人民提供帮助，其中包括物质援助，为中国抗日战争胜利作出了贡献。中华人民共和国成立后，苏联第一个承认中华人民共和国政府，并与新中国建立了外交关系。1949年12月至1950年2月，毛泽东主席访问苏联，他的到访加强了两国的相互理解与合作。今天，我们更坚定地确信，中俄世代友好、合作共赢不仅是两国人民的历史选择，也是共同繁荣的需要。

本部分展示了带有孙中山先生题词和印章的挽联、毛泽东主席访苏时赠送的礼品等文物，它们是中俄传统友谊的历史见证，是中俄人民相互了解、交往的珍贵记忆。

Залпы Октябрьской революции принесли марксизм-ленинизм в Китай. Господин Сунь Чжуншань (Сунь Ятсен) послал телеграмму Советскому Правительству со словами: «Пусть единство и совместная борьба объединяет Китай и СССР». Профессор Пекинского университета Ли Дачжао опубликовал две статьи «Победа простого народа» и «Победа большевизма», горячо приветствуя Октябрьскую революцию и марксизм. В 1919 году Совет Народных Комиссаров опубликовал обращение, в котором подтвердил отказ от полученных привилегий царского правительства посредством неравноправных договоров, и выразил желание установить дружественные отношения с Китаем. В 1937 году началась масштабная агрессия японского империализма против Китая. СССР первым предоставил китайскому народу помощь, в том числе и материальную, внес вклад в победу китайского сопротивления против японских захватчиков. Когда было провозглашено образование Китайской Народной Республики, СССР первым признал правительство КНР, и установил дипломатические отношения с Китаем. В декабре 1949 г— феврале 1950 года, председатель Мао Цзэдун посетил СССР, его визит укрепил взаимопонимание и сотрудничество между двумя странами. В начале XXI века можно с уверенностью утверждать, с каждым днем сотрудничества между Китаем и Россией показало то, что дружба, передающаяся из поколения в поколение, и взаимовыгодное сотрудничество между Китаем и Россией является не только историческим выбором народов двух стран, но и необходимостью для совместного процветания.

В этом разделе экспонируется Траурная лента с надписью и факсимильной печатью господина Сунь Чжуншаня (Сунь Ятсена) к первой годовщине со дня смерти Ленина. Здесь также представлены подарки от председателя Мао Цзэдуна посетившего СССР, и другие памятники. Все это является историческим свидетельством крепкой дружбы между Китаем и Россией, памяти о взаимопонимании между народами Китая и России.

第三部分　　中苏的友谊

奥尔加·吉塔硕娃

Раздел III Дружба КНР и СССР

Ольга Киташова

俄国推翻地主资产阶级政权的几天后，十月革命的消息便传到了中国。1917年11月10日，两家中国报纸刊发了"彼得格勒警备军和劳动人民推翻了劳伦斯基政府"的消息。"一战"期间，约有15万中国人被派到俄罗斯从事军事后勤工作。十月革命后，中国工人联盟在彼得格勒成立，并于1918年4月发表"告全体中国人民书"，其中写道："中国革命的命运是同俄国工人革命的命运紧密相联的。只有同俄国的工人阶级紧紧团结在一起，被压迫的中国的革命才能取得胜利。"

从俄国回国的中国工人向同胞讲述了俄国革命的真相及其崇高目标。中国进步知识分子们表示拥护十月革命、拥护列宁、拥护布尔什维克。孙中山向苏俄政府和列宁致电表示："中国革命党对贵国革命党所进行的艰苦斗争表示十分钦佩"，并希望"中俄两党团结共同斗争"。在1918年8月1日的回信中，俄罗斯苏维埃联邦社会主义共和国外交人民委员部格奥尔基·奇彻林写道："俄国工人阶级正在向中国兄弟走来，并鼓励他们一起战斗。"

1918年，中国左翼知识分子及新文化运动领导人之一、北京大学教授李大钊先后发表几篇介绍十月革命的文章，其中写道："我们应该自豪地欢迎俄国革命，就像迎接新世界文明的曙光一样"；"从今以后世界是劳动人民的世界"；"由今以后，到处所见的，都是Bolshevism战胜的旗。到处所闻的，都是Bolshevism的凯歌的声。人道的警钟敲响了！自由的曙光现了！试看将来的环球，必是赤旗的世界！"其中还刊登了苏维埃政府通过的各

Первые сообщения об Октябрьской революции пришли в Китай через несколько дней после свержения буржуазно-помещичьей власти в России. Уже 10 ноября 1917 г. в двух китайских газетах появилось сообщение, что «гарнизон Петрограда вместе с трудящимися сверг правительство Керенского». В период мировой войны в Россию было привезено на тыловые работы военного значения 150 тыс. китайцев. После Октябрьской революции в Петрограде был создан Союз китайских рабочих, который обратился в апреле 1918 г. к китайскому народу с воззванием. В нем говорилось:«Судьба революции Китая тесно связана с судьбой русской рабочей революции. Только в тесном единении с русским рабочим классом возможна победа революции в угнетенном Китае».

По возвращении на родину из России китайские рабочие рассказывали соотечественникам правду о русской революции, ее благородных целях. Передовая часть китайской интеллигенции приветствовала Октябрь, Ленина, большевиков. Сунь Ятсен послал телеграмму Советскому правительству и его главе В.И.Ленину, в которой от имени своей партии выражал «высокое уважение от комунистической партии Китая к трудной замечательной борьбе членов революционной партии России» и надежду, что «революционные партии России и Китая сплотятся воедино и будут вести совместную борьбу». В ответном письме от 1 августа 1918 г. народный комиссар по иностранным делам РСФСР Георгий Чичерин писал: «Русские трудящиеся классы обращаются к китайским братьям и призывают их к совместной борьбе».

Один из руководителей левого крыла китайской интеллигенции и «движения за новую культуру», профессор Пекинского университета Ли Дачжао, по очереди посвятил Октябрьской революции несколько статей, опубликованных в 1918 г. Он писал: «Мы должны с гордостью приветствовать

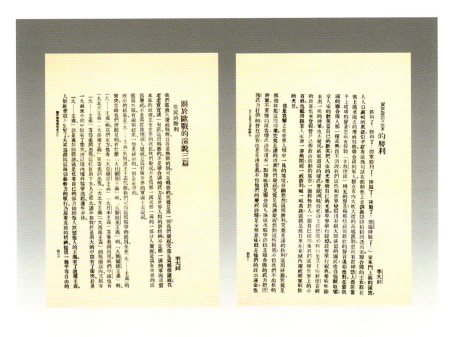

项法令的翻译及注释，俄罗斯苏维埃联邦社会主义共和国宪法大纲、土地法、银行国有化等。他号召革命青年与工人、农民建立联系，宣传民主思想，批判工厂，呼吁改善工作条件。（图1）

1919年7月25日，苏维埃人民委员会向中国人民及南北方政府发出的宣言起了重要的作用。在宣言中，苏维埃政府确定了拒绝沙皇通过不平等条约获得的所有权益和特权，拒绝为义和团运动做出赔偿，拒绝履行谈判合约。苏俄政府呼吁："将废除所有特权，取缔所有在中国土地上俄国商人的贸易站。任何一个俄国官员、牧师、传教士不能参与中国的事务。如果他在中国犯了法，就应当通过地方法院来判决。在中国只应该有中国人民的权利和法院。"

苏俄政府的宣言在中国广为人知并被中国社会各阶层代表广泛地接受。这是强国首次倡议拒绝特权并表示愿意与中国建立友好关系。1920年4月，在中国劳动协会发给苏维埃政府的电报中写道："收到贵方声明，我们，中国人民，非常高兴

русскую революцию, как свет новой мировой цивилизации»; «Отныне мир становится миром трудящихся»; «Отныне повсюду будут видны победные знамена большевизма и слышны триумфальные его песни. Прозвучал набат гуманизма, взошла заря свободы. Будущий мир будет миром красного знамени». В печати помещались с комментариями переводы законов, принятых в Советской России, основные положения Конституции РСФСР, декреты о земле, о национализации банков и др. Ли Дачжао призывал революционную молодежь установить связь с рабочими и крестьянами, пропагандировать идеи демократии, выступал с критикой невыносимых условий труда на предприятиях и требованием их улучшения.
(Картина 1)

Важную роль сыграло обращение Совета Народных Комиссаров РСФСР к китайскому народу и правительствам Южного и Северного Китая от 25 июля 1919 г. В нем Советское правительство подтвердило свой отказ от всех прав и привилегий, полученных царизмом по неравноправным договорам, от русской доли контрибуции за восстание ихэтуаней, от капитуляционного режима. «Советское правительство, – говорилось в обращении, – уничтожает все особые привилегии, все фактории русских купцов на китайской земле. Ни один русский чиновник, поп и миссионер не смеет вмешиваться в китайские дела, а если он совершит преступление, то должен судиться по справедливости местным судом. В Китае не должно быть иной власти, иного суда, как власть и суд китайского народа».

Обращение Советского правительства стало известно в Китае. и было встречено с энтузиазмом представителями различных слоев китайского общества. Впервые великая держава по собственной инициативе отказывалась от привилегий и предлагала Китаю установить дружественные отношения. В апреле 1920 г. в телеграмме, отправленной правительству Советской России Китайской ассоциацией труда, сообщалось: «Получив Ваше обращение, мы, китайский народ, были рады узнать о вашей революции, подвигнувшей наших трудящихся восстанавливать свои права, осуществленной ради претворения в жизнь истинных идеалов свободы, равенства и счастья всего человечества, и узнать о крестьянах, рабочих и Красной гвардии России — самых

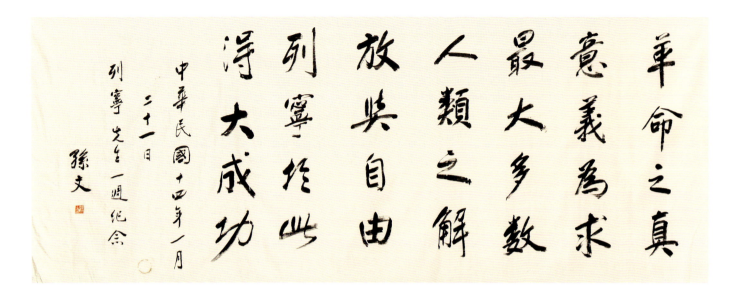

了解到你们的革命。它鼓舞了中国劳动人民争取自己的权利，真正实现全人类的自由、平等与幸福，了解到世界上最光荣的人——俄国的农民、工人和红军。所有普通的中国人民欣赏你们英勇的表现和牺牲精神。我们的劳动人民愿意怀着喜悦的心情和苏联农民、工人、红军一道，站在人性和正义的旗帜下，努力消灭特权阶层，引领世界的大团结。"

1920年9月，中国代表团抵达莫斯科，与苏俄政府代表谈判达两个月。返回中国前，列宁接见了代表团团长张斯麐将军，列宁表示苏中两国关系将进一步加强，因为双方的共同目标是同帝国主义进行斗争。（图2）

"回顾中国共产党90年的历史和不断改变的世界"，中国历史学家全华说，"十月革命对中国的影响再次显而易见"。毛泽东也在自己的文章《论人民民主专政》中指出："十月革命一声炮响，给我们送来了马克思列宁主义。十月革命帮助了全世界的也帮助了中国的先进分子，用无产阶级的宇宙观作为观察国家命运的工具，重新考虑自己的问题。走俄国人的路——这就是结论。"

1937年，日本帝国主义发动全面侵华战争，中国的全面抗战由此开始，而苏联

славных людях мира. Весь простой народ Китая восхищается проявленными вами силой и духом самопожертвования. Наши трудящиеся ликуют, и желают вместе с крестьянами, рабочими и Красной гвардией России встать под знамена гуманности и справедливости, вместе прилагать усилия по уничтожению привилегированного класса, и привести мир к великому единению».

В сентябре 1920 г. в Москву прибыла китайская делегация, которая два месяца вела переговоры с представителями Советского правительства. Перед отъездом в Китай главу миссии генерала Чжан Сылина принял В. И. Ленин, который выразил уверенность, что связь между РСФСР и Китаем упрочится, так как их объединяют общие цели борьбы с игом империализма. (Картина 2)

«Оглядываясь на 90-летнюю историю Коммунистической партии Китая и бесконечно меняющийся мир, – отмечает китайский историк Тун Хуа, – вновь заметно влияние Октябрьской революции на Китай», что еще убедительнее показывает Мао Цзэдун в статье «О народно-демократической диктатуре»: «Залпы Октябрьской революции принесли нам марксизм-ленинизм. Октябрьская революция помогла китайской и мировой интеллигенции использовать философию пролетариата как инструмент наблюдения за страной, позволивший пересмотреть существующие проблемы. Идти по русскому пути — вот главный вывод».

В 1937 г., когда вооруженные силы японского империализма вторглись в Китай

图3
宣传画 "和平队列坚不可摧！"

В.Е. Кайдалов
1950年
纸、彩色石印
87.6厘米×55.8厘米

Картина 3
Плакат. «Фронт мира несокрушим!»

В.Е. Кайдалов
1950 г.
Бумага, хромолитография
87,6см×55,8см

是第一个在反侵略战争中向中国人民提供人力和物资援助的国家。尽管当时苏联国内也遭受了很严重的破坏，但苏联在取得欧洲战场的胜利后，立刻投身中国的抗日战争，打败日本关东军，帮助中国解放东北地区。在中国的解放战争时期，苏联在东北解放区开创了贸易条件。苏联工程师和技术工人与中国专家共同修复1300公里铁路及62座桥梁，这在很大程度上促进了中国共产党人在这具有重要战略意义地区的胜利。苏联的援助和全世界人民民主力量的崛起为中国人民解放军的快速胜利创造了可能性。（图3）

斯大林和毛泽东的关系发展迅速，在1946年到1949年中国解放战争的几年中，所有的党与党之间的关系，不论是秘密进行的联系还是国家部门之间的联系，都变成了党与国家之间的关系。在斯大林和毛泽东首次握手前，他们已经通过电报、代表谈判等方式相互交流了很多年。

1949年10月1日，中国人民政治协商

и началась антияпонская война Китая, Советский Союз первым оказал помощь людьми и материалами в китайской войне сопротивления. Несмотря на большие разрушения в своей стране, Советский Союз, выиграв войну в Европе, быстро принял участие в китайсой войне против Японии, разгромил японскую Квантунскую армию и помог Китаю освободить Северо-восток. Во время народно-освободительной войны Китая Советский Союз открыл торговые возможности освобожденным районам Северо-востока. Советские инженеры и квалифицированные рабочие в сотрудничестве с китайскими специалистами отремонтировали 1300 км железнодорожных путей и 62 моста. Это в очень большой степени способствовало победе китайских коммунистов в этом стратегически важном районе. Помощь СССР и рост народно-демократических сил во всем мире создали возможность для быстрой победы Народно-освободительной армии Китая. (Картина 3)

Отношения между Сталиным и Мао Цзэдуном развивались стремительно. В течение нескольких лет гражданской войны в Китае, начиная с 1946 по 1949 гг., эти отношения от межпартийных, включавших в себя в завуалированной или тайной форме и отношения по линии ряда государственных ведомств, становились отношениями партийно-государственными. Прежде чем Сталин и Мао Цзэдун впервые пожали друг другу руки, они уже долгие годы общались заочно, посредством телеграмм, переговоров между своими представителями и т. п.

Народная политическая консультативная конференция Китая 1 октября 1949 г. провозгласила создание Центрального народного правительства Народной Республики Китая. Советский Союз первым признал Китайское народное правительство и установил с ним дипломатические отношения на второй день после провозглашения Китайской Народной Республики.

1 декабря 1949 г. вопросы, связанные с официальным визитом Мао Цзэдуна в СССР, обсуждались на заседании Политбюро ЦК ВКП (б). Был утвержден план встречи, пребывания и проводов Председателя Центрального Народного Правительства Народной Республики Китая. В частности Постановлением предписывалось: «При встрече на вокзале

会议宣告中华人民共和国中央人民政府成立。苏联第一个承认中国的人民政府，并在中华人民共和国宣布成立后的第二天即与中国建立外交关系。

1949年12月1日，在苏共中央政治局会议上讨论了中华人民共和国中央人民政府主席毛泽东正式访苏问题。会议上确定了中华人民共和国中央人民政府主席的迎接、停留以及送行的安排。特别是，决定："在火车站设仪仗队，升国旗奏国歌迎接毛泽东的到来，迎接团的服装为检阅规格。"

1949年12月16日，毛泽东到达莫斯科。火车在中午进站，苏联部长会议副主席莫洛托夫，国防部长尼古拉·布尔加宁元帅，外贸部长米克哈尔·门希科夫，外交部副部长安德烈·葛罗米柯在车站欢迎毛泽东的到来，同时，莫洛托夫和布尔加宁还作为苏共中央政治局委员欢迎毛泽东的到来。因此，这次访问的党与国家的性质更为突出。（图4）

这样的迎接方式是空前绝后的，正午12点，毛泽东乘坐的火车在广播转播克里姆林宫钟声下停靠在雅罗斯拉夫火车站站台。

站台设仪仗队迎接，毛泽东作了简

выстроить почетный караул, вывесить флаги, исполнить гимны. Форма одежды встречающих – парадная».

16 декабря 1949 г. Мао Цзэдун приехал в Москву. Поезд подошел к перрону в полдень. На вокзале его встречали заместитель председателя Совета Министров СССР В.Молотов, министр обороны маршал Н.Булганин, министр внешней торговли М.Меньшиков, заместитель министра иностранных дел А.Громыко. При этом Молотов и Булганин выступали и в качестве членов Политбюро ЦК ВКП (б). Таким образом, подчеркивался партийно-государственный характер визита. (Картина 4)

Гостя встречали так, как не встречали никого ни до, ни после. Его салон-вагон ровно в 12 часов дня под транслировавшийся по радио бой кремлевских курантов остановился у перрона Ярославского вокзала.

На перроне был выстроен почетный караул. Мао Цзэдун произнес короткую речь: «Дорогие товарищи и друзья! Я рад представившемуся мне случаю посетить столицу первого в мире великого социалистического государства. Между народами двух великих стран, Китая и СССР, существует глубокая дружба. После Октябрьской социалистической революции Советское правительство, следуя политике Ленина, Сталина, прежде всего, аннулировало неравноправные в отношении Китая договоры периода империалистической России. На протяжении почти 30 лет советский народ и Советское правительство многократно

图4

1949年12月16日，中华人民共和国中央人民政府主席毛泽东到达莫斯科。图为在雅罗斯拉夫火车站留影。左起：联共（布）中央政治局委员В.М. 莫洛托夫，中华人民共和国中央人民政府翻译师哲，毛泽东，苏联军事外交学院指挥官Н.В. 斯莱文，中国驻苏联大使王稼祥。

Картина 4

Приезд в Москву Председателя Центрального Народного Правительства Народной Республики Китая – Мао Цзэдуна. 16 декабря 1949 г. Снимок сделан на ярославском вокзале. Слева направо: Член Политбюро ЦК ВКП (б) В.М. Молотов, переводчик Председателя ЦНП КНР Ши чжэ, Мао Цзэдун, начальник Военно-Дипломатической академии Советской Армии Н.В. Славин, посол КНР в СССР Ван Цзясян.

图5

沃伦斯基斯大林别墅（拍摄于 2004年）

Картина 5

Дача И.В. Сталина в Волынском. Фото 2004 г.

短的讲话：亲爱的同志们，朋友们！我很高兴有机会访问世界上第一个伟大社会主义国家的首都。中苏两个伟大的国家之间的人民有着深厚的友谊。十月社会主义革命后，苏维埃政府贯彻列宁和斯大林的政策，首先废除了沙皇俄国期间与中国的不平等条约。近30年来，苏联人民和苏联政府多次向中国人民的解放事业提供帮助。在中国人民最困难的时候受到了苏联人民和苏联政府兄弟般的援助，这是永远不会被忘记的。目前，最重要的任务是在全世界加强以苏联为首的和平阵营，反对战争挑拨者，加强中苏两个伟大国家之间的联盟，发展中苏人民的友谊。我相信，由于中国人民的胜利和中华人民共和国的成立，由于新的民主国家的共同努力和世界爱好和平的人民，由于中苏的共同愿望和两个伟大国家之间的密切合作，特别是斯大林元帅正确的国际关系政策，所有的问题必将得到充分解决，这些工作必将带来很好的效果。最后，毛泽东高呼："中苏友谊与合作万岁！"

毛泽东到达莫斯科当天，天气非常寒冷。在来的路途中毛泽东着凉，身体不适。在简短的欢迎仪式后，毛泽东在莫洛托夫的陪伴下乘车前往位于莫斯科郊区的

оказывали помощь делу освобождения народа Китая. Никогда не будет предано забвению то, что в трудные для себя времена народ Китая получал эту братскую помощь со стороны советского народа и Советского правительства. В настоящее время важные задачи состоят в том, чтобы укреплять возглавляемый СССР лагерь мира во всем мире, выступать против поджигателей войны, укреплять союзнические отношения между двумя великими странами, Китаем и СССР, и развивать дружбу народов Китая и Советского Союза. Я верю, что благодаря победе народа Китая и образованию Китайской Народной Республики, благодаря общим усилиям государств новой демократии, а также миролюбивых народов мира, благодаря общим чаяниям и тесному сотрудничеству двух великих стран, Китая и СССР, и в особенности благодаря правильной политике маршала Сталина в сфере межгосударственных отношений, все эти задачи будут непременно и полностью выполнены и эта работа принесет прекрасные результаты». В заключение Мао Цзэдун провозгласил: «Десять тысяч лет дружбе и сотрудничеству Китая и СССР!».

Погода в день приезда Мао Цзэдуна в Москву стояла очень холодная. К тому же по пути Мао Цзэдун простыл, ему нездоровилось. Сразу же после краткой церемонии встречи Мао Цзэдун на автомашине в сопровождении Молотова отправился на дачу Сталина под Москвой. Это был многозначительный жест со стороны Сталина. Во-первых, Сталин уступал Мао Цзэдуну собственный «загородный дворец». Во-вторых, так обеспечивалась полная безопасность Мао Цзэдуна, который оказывался под опекой личной охраны Сталина. Наконец, тем самым создавались условия для конфиденциальных встреч и бесед со Сталиным. (Картина 5)

По дороге на дачу Молотов сообщил, что Сталин приглашает Мао Цзэдуна на первую встречу в Кремль в шесть часов вечера того же дня. Мао Цзэдун, приехав на дачу, прежде всего, поспал. Затем отдал распоряжения относительно подготовки визита к Сталину.

Для Сталина первая личная встреча с Мао Цзэдуном представлялась весьма важной. В великой соседней стране произошла смена власти, там появился новый общегосударственный и партийный лидер, а Сталин с ним никогда до той поры

斯大林别墅。这是斯大林具有重要意义的表态：首先，斯大林把自己的"城堡"让给了毛泽东；其次，斯大林的私人警卫队使毛泽东的安全得到了保障；最后，由此产生了与斯大林私人会面和谈话的条件。（图5）

在前往斯大林别墅的途中，莫洛托夫转达消息：斯大林邀请毛泽东于当日晚六点在克里姆林宫进行第一次会谈。到达别墅后，毛泽东先休息了一下，然后吩咐随行人员准备与斯大林的会面。

对于斯大林来说，与毛泽东的第一次私人会面极为重要。在伟大的邻国发生政权更迭，产生了一个新的国家和党的领导，尽管这是中国的共产党领导，但斯大林截至当时还没有同他进行过会面。在与毛泽东会见时，他邀请了一些苏联党和国家的领导人出席。与斯大林在克里姆林宫的会谈，除了保镖外，毛泽东只带了一个人——他的顾问和私人翻译师哲。在会谈开始前三分钟，即17点57分，苏联司机将毛泽东送至克里姆林宫。之前毛泽东了解到斯大林喜欢精确时间，所以他很高兴在约定的时间准时到达。六时整，毛泽东被邀请进入斯大林办公室："斯大林同志请毛泽东主席进去。"

斯大林的办公室内站了一排苏联领导人，首位就是以最高统帅形象现身的斯大林，其次是莫洛托夫、马林科夫、贝利亚、布尔加宁、卡冈诺维奇和维申斯基。尼古拉·费德林担任苏方翻译。毛泽东一进入办公室，斯大林便迎面走过去，面带微笑，向他伸出双手，两人进行了握手。最终，世界上两个大国的共产党领导人完成了第一次会面。双方的握手非常坚定。（图6）

斯大林邀请毛泽东落座。毛泽东和师哲坐在会议桌一侧，斯大林和他的同事们坐在另一侧。全部落座后，斯大林用拿着烟斗的右手，做了一个总结的姿势，说道："这是一个伟大的事件！真正做了一

не встречался, несмотря на то что это был вождь Коммунистической партии Китая. На встречу с Мао Цзэдуном он пригласил целый ряд советских партийных и государственных деятелей. С собой в Кремль на встречу со Сталиным Мао Цзэдун взял, не считая телохранителя, только одного человека — своего советника и личного переводчика Ши Чжэ. Советский шофер доставил Мао Цзэдуна в Кремлевский дворец за три минуты до назначенного срока, то есть в 17 часов 57 минут. Мао Цзэдуну докладывали, что Сталин любит точность, поэтому он был доволен, прибыв точно к назначенному часу. Ровно в шесть часов под бой напольных часов Мао Цзэдуна пригласили в кабинет Сталина в Кремлевском дворце: «Товарищ Сталин просит председателя Мао Цзэдуна войти».

В кабинете выстроились цепочкой члены советского руководства. Первым в их ряду стоял Сталин. Он был в форме генералиссимуса. За ним выстроились Молотов, Маленков, Берия, Булганин, Каганович, Вышинский. В качестве переводчика с советской стороны выступал Николай Федоренко. Как только Мао Цзэдун вошел в кабинет, Сталин выступил ему навстречу и, улыбаясь, протянул ему обе руки. Состоялось рукопожатие. Итак, и наконец, и впервые лично встретились два крупнейших в мире коммунистических лидера. Рукопожатие было крепким. (Картина 6)

Сталин пригласил Мао Цзэдуна садиться. Мао Цзэдун и Ши Чжэ сели по одну, а Сталин и его коллеги по другую сторону стола для заседаний. Когда все уселись, Сталин сделал решительный жест правой рукой, в которой была зажата трубка, и сказал: «Великое дело! Поистине сделано великое дело! Вы добились великой победы. Вы внесли очень большой вклад в дело китайского народа; вы — славный сын китайского народа! Мы от всей души желаем вам крепкого здоровья! Победа революции в Китае изменит соотношение сил в мировом масштабе. Чаша весов, на которую положена мировая революция, потяжелела. Мы искренне поздравляем вас с победой и надеемся, что вы добьетесь новых еще больших побед!». Мао Цзэдун ответил: «От имени народа Китая я сердечно благодарю советский народ за поддержку и помощь, которую он оказывал нам на протяжении длительного времени. Народ Китая не забудет друзей». Сталин слушал Мао

图6
宣传画"让苏联人民和中国人民之间友谊长存！"

В. С. 伊万诺夫
1951年
纸、胶印
90.2厘米×65.5厘米

Картина 6
Плакат. «Пусть живёт и крепнет нерушимая дружба и сотрудничество советского и китайского народов!»

В. С. Иванов
1951 г.
Бумага, офсет
90,2см×65,5см

件大事！你们已经取得了伟大的胜利。您
为中国人做了非常大的贡献；您是中国人
民光荣的子孙！我们衷心祝愿您身体健
康！中国革命的胜利将改变世界范围内的
力量平衡，世界革命的天平变得沉重起
来。我们真诚地祝贺您取得胜利，并希望
您取得更大的新胜利！"毛泽东回答：
"我谨代表中国人民衷心地感谢苏联人民
长久地为我们提供的支持和帮助。中国人
民是不会忘记朋友的。"斯大林认真地听
着毛泽东的讲话，偶尔会请求重复，偶尔
会提出问题，以便于理清各种状况。他的
用词非常之精确，翻译的时候特别要捕捉
到细微差别。斯大林认为，1949年在莫斯
科与毛泽东的会谈期间，准备工作和文件
的签署是一项非常重要的任务，这会长久
地（未来几十年）影响到两个民族日后在
复杂的世界舞台上的关系。斯大林当时在
这方面的考虑出于尊重两国的国家利益。

斯大林在别墅的大厅里设宴欢迎毛泽
东的到来，那里一般是党中央政治局开会
的地方。翻译是师哲和费德林。

斯大林和毛泽东通常各坐在桌子一
端，翻译坐在他们之间。苏联领导人坐在
桌子的一侧，而另一侧是中国代表团的代
表们。桌子上摆满了美食，还有白兰地、
伏特加、格鲁吉亚葡萄酒、矿泉水。会上
谈到了中苏友好同盟互助条约、旅顺港、
给予中国的巨额贷款、建立海军舰队和军
工、提供通讯援助等。毛泽东发现斯大林
是一个耐心并且细心的听众，他永远不会
去打断自己。与此同时，斯大林确实在专
心地聆听着毛泽东的话。

12月21日，莫斯科大剧院隆重举行
庆祝斯大林七十周岁生日大会。在庄严的
会议主席团中，毛泽东坐在斯大林的右手
边。费德林宣读了毛泽东的发言稿。这个
简短的讲话包含了这些话："斯大林同志
——不仅是世界人民的导师和朋友，也是
中国人民的导师和朋友。他发展了马克思
列宁主义革命理论，他对世界共产主义运

Цзэдуна с большим вниманием, переспрашивал
его, а иногда задавал вопросы, чтобы прояснить
то или иное положение. Был точен в своих
формулировках и, похоже, стремился уловить
оттенки фраз и слов при переводе. Сталин
считал важнейшей задачей переговоров во
время встречи с Мао Цзэдуном в Москве в
1949 г. подготовку и подписание документа,
который позволил бы обеим нациям в течение
длительного времени (нескольких десятилетий)
не опасаться за свои тылы в сложной для
каждой из них обстановке на мировой арене.
Соображения Сталина в этом плане отвечали
национальным интересам обеих наций в то время.

Приемы в честь Мао Цзэдуна И.В.
Сталин устраивал на Ближней даче, в большом
зале, где обычно заседало Политбюро ЦК.
Переводчиками были Ши Чжэ и Н. Федоренко.

Сталин и Мао Цзэдун обычно занимали
место в торце стола, а между ними находился
переводчик. Советские руководители
располагались по одну сторону стола, а
представители китайской делегации по другую
его сторону, рядом с Мао Цзэдуном. Стол
ломился от угощений. На нем стояли бутылки
с коньяком, водкой, грузинскими винами,
минеральной водой. Говорили о договоре
дружбы, союзе и взаимопомощи между Китаем
и СССР, о Порт-Артуре, о большом кредите
для Пекина, о помощи СССР в создании Китаем
морского флота, военной промышленности,
связи. Мао Цзэдун нашел в Сталине
терпеливого и внимательного слушателя,
который никогда не перебивал его. При этом
Сталин действительно самым внимательным
образом вслушивался в слова Мао Цзэдуна.

21 декабря в Москве торжественно
праздновали 70-летие Сталина. В президиуме
торжественного заседания, состоявшегося в
Большом театре, Мао Цзэдун сидел по левую
руку от Сталина. Текст выступления Мао
Цзэдуна зачитал Федоренко. В этой короткой
речи содержались такие слова: «Товарищ
Сталин — учитель и друг народов мира, а
также учитель и друг народа Китая. Он развил
революционную теорию марксизма-ленинизма,
внес выдающийся вклад в дело мирового
коммунистического движения. Народ Китая в
ходе своей тяжелой борьбы против угнетателей
глубоко ощущал важность дружбы со стороны
товарища Сталина». При этих словах зал
взорвался аплодисментами. Сталин повернулся

图7

1949年12月21日于莫斯科大剧院举行的庆祝斯大林七十周岁生日庆典

Картина 7

Торжественное заседание в Большом театре, посвященное семидесятилетию со дня рождения И.В. Сталина. 21 декабря 1949 г.

动作出了杰出贡献。中国人民在反对压迫的艰苦斗争过程中，深切地感受到了斯大林同志友谊的重要性。"听了这些话时，全场响起了热烈的掌声。斯大林转向毛泽东，感激地点头，微笑着与观众一起鼓掌。（图7）

斯大林七十岁生日庆典结束后，许多国家的党代表都陆续回到自己的国家，毛泽东按照先前的计划留在了莫斯科，继续了解这个国家。庆典结束后毛泽东去了当时以斯大林名字命名的莫斯科汽车厂。根据毛泽东的指令，师哲挑选了几部毛泽东看过的电影。这是一些关于著名历史人物的电影：《彼得大帝》《拿破仑》《库图佐夫》《亚历山大·基辅斯基》。在得知毛泽东对这类电影感兴趣后，斯大林对师哲说："毛泽东很明智，他在休息的时候看的是讲述历史人物的电影。这是了解这些人物最经济的方法。"

1950年1月15日，毛泽东乘火车前往列宁格勒，在那里他参观了基洛夫机械工厂和冬宫的音乐厅。毛泽东还特地去了阿芙乐尔号巡洋舰，十月革命期间正是由此打响攻克冬宫的第一炮。他还参观了列宁格勒"二战"期间的防御纪念地。晚上，毛泽东在基洛夫剧院听了歌剧，看了由列

к Мао Цзэдуну, благодарно кивнул, улыбнулся и зааплодировал вместе с залом. (Картина 7)

После того как торжества в Москве по случаю 70-летия Сталина завершились и делегации компартий целого ряда стран разъехались по своим домам, Мао Цзэдун в соответствии с ранее намеченным планом остался в Москве, продолжая знакомиться с нашей страной. После окончания юбилейных торжеств Мао Цзэдун побывал на Московском автомобильном заводе, который тогда носил имя Сталина. По поручению Мао Цзэдуна Ши Чжэ отобрал несколько кинофильмов, которые и были показаны Мао Цзэдуну. Это были фильмы, рассказывавшие об известных исторических личностях: Петре Первом, Наполеоне, Кутузове, Александре Невском. Узнав об интересе Мао Цзэдуна к такого рода кинофильмам, Сталин сказал Ши Чжэ: «Мао Цзэдун поступает мудро. На отдыхе он просматривает кинофильмы, рассказывающие об исторических деятелях. Это самый экономичный способ узнать что-то об этих людях».

15 января 1950 г. Мао Цзэдун приехал на поезде в Ленинград, где он посетил Кировский механический завод, побывал в музейных залах Зимнего дворца. Мао Цзэдун специально совершил экскурсию на крейсер «Аврора», во время которой с восхищением подчеркнул, что именно с него был произведен выстрел по Зимнему дворцу во время Октябрьской революции. Он осмотрел также памятные

别杰娃担任主角的芭蕾舞剧《舞姬》。剧目非常精彩。结束时毛泽东派王稼祥和陈伯达以代表团的名义上台为芭蕾舞演员献花，列别杰娃向毛泽东鼓掌，而后大厅响起了掌声。

根据斯大林和毛泽东之间的协议，1950年1月22日，斯大林与毛泽东、周恩来举行了会谈。苏联领导人包括莫洛托夫、维辛斯基参与了此次会谈，中方有李富春、王稼祥、翻译师哲。2月14日，双方签署了《中苏友好同盟互助条约》。毛泽东在评价这一事件时表示，条约的签署不仅对新中国的建设起到重大作用，而且在反对美国侵略的斗争中、在捍卫亚洲和世界的和平中起到了保障作用。（图8）

条约签署后，毛泽东邀请斯大林出席在大都会酒店举办的招待会。斯大林表示，他从未接受过类似的邀请，然而，出于对贵客的尊敬，他同意参加这次招待会。

1950年2月17日，毛泽东离开莫斯科。至此，历史上唯一一次中苏两国领导人的私人会谈和谈判结束了。

21世纪初期，中俄两国继续为不断发展双边关系而努力。2005年，世界各国人民庆祝第二次世界大战胜利60周年，4月

места обороны Ленинграда во время Великой Отечественной войны. Вечером Мао Цзэдун смотрел в Кировском театре оперы и балета балет «Баядерка» с Лебедевой в главной роли. Спектакль был ярким, и по его окончании Мао Цзэдун послал Ван Цзясяна и Чэнь Бода на сцену преподнести балерине цветы от имени его делегации. Лебедева начала аплодировать Мао Цзэдуну, за ней последовал зал.

В соответствии с договоренностью между Сталиным и Мао Цзэдуном 22 января 1950 г. состоялась беседа Сталина с Мао Цзэдуном и Чжоу Эньлаем. При этом присутствовали советские руководители, в частности Молотов, Вышинский; с китайской стороны были Ли Фучунь, Ван Цзясян. В качестве переводчика выступал Ши Чжэ. 14 февраля был подписан китайско-советский Договор о дружбе, союзе и взаимопомощи. Оценивая это событие Мао Цзэдун писал, что «подписание Договора не только сыграло огромную роль для строительства нового Китая, но и послужило мощной гарантией в борьбе против американской агрессии, за обеспечение мира в Азии и во всем мире». (Картина 8)

После подписания документа Мао Цзэдун пригласил Сталина на прием в гостинице «Метрополь». Сталин сказал, что он никогда не принимал подобные приглашения, однако, проявляя уважение к высокому гостю, согласился посетить этот прием.

17 февраля 1950 г. Мао Цзэдун отбыл

图8

1950年2月14日，中国外交部部长周恩来在克里姆林宫签署《中苏友好同盟互助条约》。

Картина 8

Министр иностранных дел КНР Чжоу Эньлай подписывает в Крмеле Договор о дружбе, союзе и взаимной помощи между Союзом ССР и Китайской Народной Республикой 14 февраля 1950 г.

29日，俄罗斯联邦驻中国大使馆举行了"1941–1945年伟大的卫国战争胜利60周年"纪念奖章授予仪式，向27名曾与苏联人民并肩作战的中国老兵颁发了奖章。

2006年被宣布为"中国的俄罗斯年"，2007年为"俄罗斯的中国年"。中俄两国互办国家年活动（这是组成一个整体的两个部分）实现了一个最重要的目标：增强了中俄之间的伙伴关系，深化了两国之间的互信和传统友谊。

今天，摆在中俄两国年轻一代面前的任务，是要落实当今的规划项目和继续推动中俄关系的发展。为了成功实现这些目标，必须拓宽两国人民相互之间的了解，熟悉友好邻国的历史、文化、传统、风俗。我们希望，俄罗斯国家历史博物馆和中国国家博物馆共同举办的"纪念十月革命100周年"展览项目能服务于强化双边关系的重要事业，希望中国人民的生活会更加繁荣和安康，中俄两国之间的友谊和合作能进一步发展和更加牢固。

из Москвы. Так завершилась единственная в истории личная встреча и переговоры вождей КНР и СССР.

В начале XXI в. стороны продолжали вести последовательную работу по дальнейшему развитию российско-китайских отношений. В 2005 г. народы всего мира широко отметили 60-летие Победы над фашистской Германией и милитаристской Японией. 29 апреля 2005 г. в Посольстве Российской Федерации в Пекине прошла церемония вручения юбилейных медалей «60 лет Победы в Великой Отечественной войне 1941 – 1945 гг.» 27-ми ветеранам Китая, которые воевали бок о бок с советским народом.

2006 г. был объявлен Годом России в Китае, а 2007 г. – Годом Китая в России. Два национальных Года – это две половины единого целого – реализация важнейшей цели: наращивания российско-китайского партнерства, углубления взаимопонимания и традиционной дружбы наших народов.

Молодому поколению России и Китая предстоит осуществить запланированные сегодня проекты и развивать российско-китайские отношения в дальнейшем. Для успешного осуществления этих целей необходимо расширять знания друг о друге, об истории и культуре народа-соседа, его традициях, обычаях. Выражая надежду на то, что совместный проект Государственного Исторического музея и Национального музея Китая «К 100-летию Великой российской революции» послужит делу укрепления двусторонних связей, желаем благополучия и процветания китайскому народу, дальнейшего развития и укрепления отношений дружбы и сотрудничества между Россией и Китаем.

146

中国代表团赠给列宁的礼物："中国山水"软木画（两幅）

吴启祺（中国）
1910–1920年代
软木、核桃木、玻璃、纸
40厘米×50厘米

146

Подарок В.И. Ленину от китайской делегации. Китайский пейзаж

У Цици (Китай)
1910-1920 гг.
Дерево (пробковое), дерево (орех), стекло, бумага
40см×50см

1920 年 5 月中旬，北京政府派出的张斯麐代表团乘坐中东路从哈尔滨始发的专列赴苏俄，沿途受到热烈欢迎和高规格接待，9 月 5 日，代表团抵达莫斯科。

团长张斯麐对苏俄的人民生活、国家机构、政府政策十分感兴趣。为使代表团更好地了解俄罗斯苏维埃联邦社会主义共和国的情况，苏俄政府为代表团创造了尽可能多的便利条件，包括：仪仗队由 31 人组成和警卫陪同、为代表团提供专门的公邸、给予克里姆林宫长期通行证、向苏联革命军事委员会请示为代表团提供两辆汽车、为张斯麐的车辆提供治外法权证书等等。苏维埃政府领导和外交人民委员接见了张斯麐将军。

在莫斯科，张斯麐代表团会谈的重要成果是，北京政府拒绝承认沙皇政府代表团和领事馆。1920 年 11 月 2 日，列宁接见代表团团长张斯麐。会谈中，列宁表示，坚信苏俄与中国的关系将会进一步得到巩固和加强，因为俄中两国人民是由反对帝国主义压迫的共同目的联结在一起的。

中国独特装饰艺术起源之一——创始于 1914 年的《福州软木画》，是由吴启祺、陈春润、郑立溪等著名艺术家共同钻研而成。他们运用中国的雕刻手法，巧妙利用栓皮栎树的木栓层树皮（俗称软木）轻软、富有弹性、色泽典雅、具有天然细密纹理的特点，将其雕刻成亭台楼阁、树木花草等景物，然后根据画面设计要求将它们粘贴在凌布或纸板上，再配以漆框。整个作品具有构图新颖别致、画面层次分明、色调纯朴典雅等特点。这两幅软木画分别名为"福州西湖公园"和"浙江西湖景"。1959 年，一幅名为"福州西湖公园"的软木画挂屏曾悬挂在人民大会堂福建厅内。

В середине мая 1920 г. китайская миссия во главе с Чжан Сы-линем, посланная пекинском правительством, отправилась с Харбина в Советский Союз специальным поездом по Китайско-Восточной железной дороге. Миссия встретила сердечный приём на высшем уровне. 5 сентября миссия прибыла в Москву.

Глава китайской миссии Чжан Сы-линь проявлял большой интерес к жизни народа, к структуре Советского государства, политике правительства РСФСР. При ней находился почетный караул и охрана в составе 31 человека и были прикомандированы ответственные сотрудники НКИД. Миссии был предоставлен специальный особняк, выданы постоянные пропуска в Кремль. Когда понадобились две автомашины, а НКИД не имел их, он обратился в Реввоенсовет РСФСР с просьбой выделить для миссии машины. Автомобиль Чжан Сы-линя был снабжен удостоверением о его экстерриториальности. Чжан Сы-линя принимали руководители Советского правительства и Наркоминдел.

Важным результатом переговоров миссии Чжан Сы-линя в Москве был отказ пекинского правительства признавать миссию и консульства царского правительства. 2 ноября 1920 г. В.И.Ленин принимает главу китайской военно-дипломатической миссии генерала Чжан Сы-лина, в беседе с ним выражает уверенность, что связи Советской России и Китая, которых сближают общие цели борьбы с империализмом, упрочатся.

У истоков одного из уникальных видов декоративного искусства Китая — «Фучжоуской пробковой картины» с 1914 г. стоят известные художники У Цици, Чэнь Чуньжунь, Чжэн Лиси и др. Умело используя особенности пробковой коры пробкового дуба, которые заключаются в легкости, мягкости, упругости, изящном цвете и тонкой натуральной текстуре, и применяя китайские технологии резьбы, художники режут из пробковой коры беседки и павильоны, деревья, цветы, травы и другие изображения. Затем они в соответствии с требованиями картинной плоскости наклеивают эти гравировки на ткань или картон, декорируют для картины лаковую рамку. Таким образом, произведение отражает такие особенности, как оригинальность замысла, четкое деление картинной плоскости, изящный цвет и т.д. Название пробковых панно «Парк "Сиху" в городе Фучжоу» и «Пейзаж озера "Сиху" в провинции Чжэцзян». В 1959 году настенное пробковое панно «Парк "Сиху" в городе Фучжоу» под оригинальным названием висело на стене зала «Фуцзянь» в Доме народных собраний.

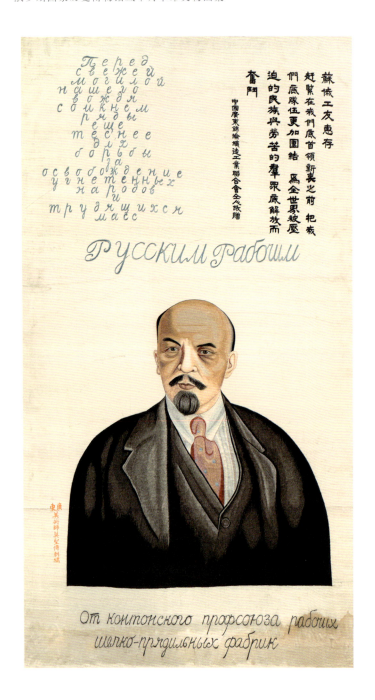

147
列宁绣像（中国）

1924年
丝绸、丝线、墨水
132厘米×74厘米

147
Вышивка. Портрет В.И. Ленина (Китай)

1924 г.
Шелк, нити шелковые, тушь
132см×74см

这幅列宁绣像由广东的美术师莫圣传刺绣。1924 年列宁逝世后，中国广东锦纶织造工业联合会的工人将它作为礼物赠给苏俄的工人组织。绣像的题词中号召：中俄工人团结起来，"为全世界被压迫的民族与劳苦的群众底解放而奋斗"。

1935 年从全苏共产党中央委员会（布尔什维克）的马克思—恩格斯—列宁研究所收录到列宁博物馆。

Данный вышитый портрет В.И.Ленина сделан гуандунским художником Мо Шэнчуанем. Его подарил организации советских рабочих Китайский союз производителей капронового волокна в Гуандуне в 1924 году после кончины В.Ленина. Надпись картины призывает рабочих Китая и России соединяться для «борьбы за окончательное освобождение всех угнетаемых нации и широких бедных масс мира».

Поступил в Музей В.И.Ленина из Института Маркса-Энгельса-Ленина при ЦК ВКП (б) в 1935 г.

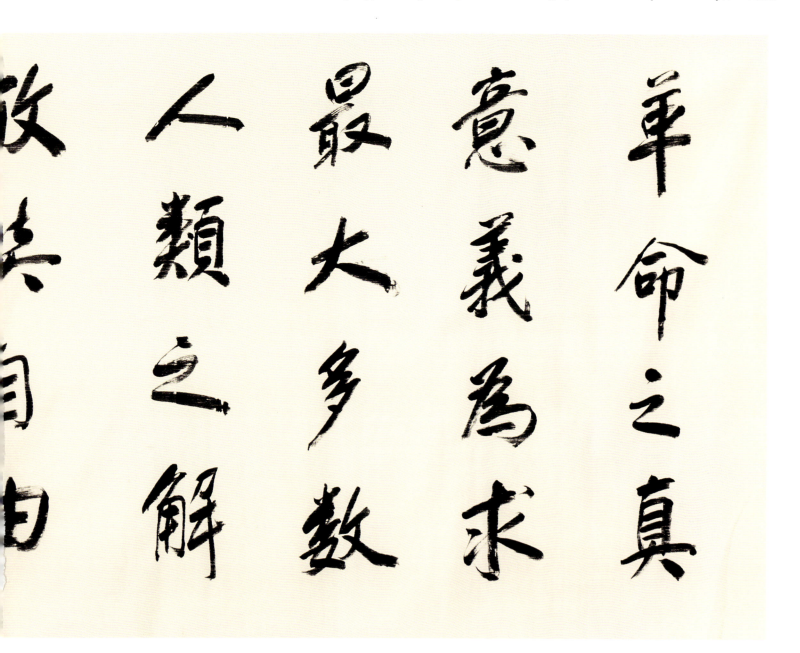

1935 年中央列宁博物馆收录书中记载："孙中山亲笔题词和带印章的挽联"，悼词来源于马克斯—恩格斯—列宁研究所附近的列宁博物馆。

В книге поступлений Центрального музея В.И.Ленина за 1935 г. записано: «Траурная лента с надписью на китайском языке, сделанной рукой Сунь Ятсена и его личной факсимильной печатью», траурная лента поступила из Музея В.И.Ленина при Институте Маркса-Энгельса-Ленина.

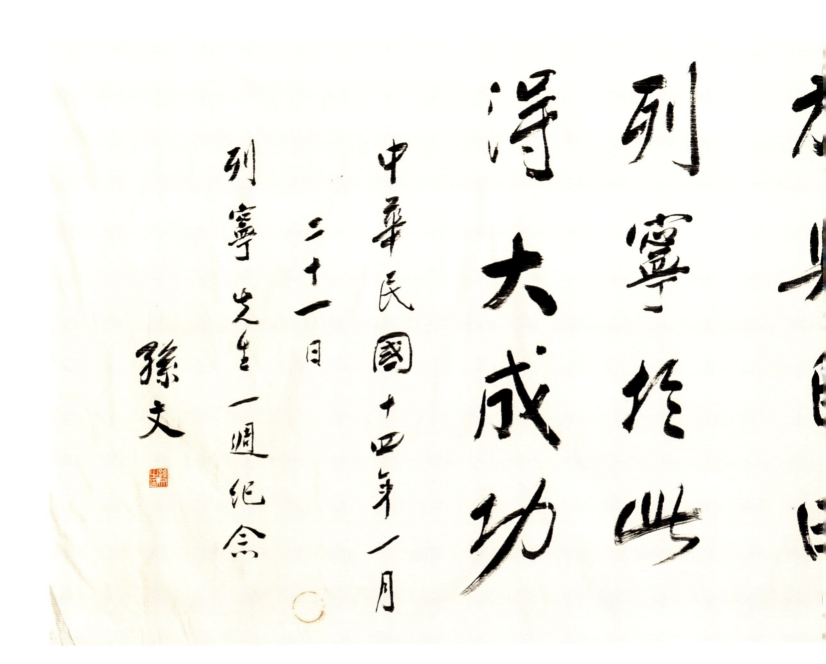

得 大成功

列寧作此

列寧先生一週紀念

中華民國十四年一月

二十一日

孫文

148

带有孙中山题词和印章的挽联（中国）

1925年
丝绸、墨水
96.7厘米×228厘米

148

Траурная лента с надписью и факсимильной
печатью Сунь Ятсена (Китай)

1925 г.
Шелк, тушь
96,7см×228см

149
斯大林肖像

В.Н. 梅什科夫
1937—1938年
纸、碳、红画笔
122.2厘米×83.2厘米

149
Портрет И.В. Сталина

В.Н. Мешков
1937-1938 гг.
Бумага, уголь, сангина
122,2см×83,2см

　　1937年，十月革命20周年之际，国立艺术出版社宣布举行非公开的竞赛，主题是斯大林画像创作。比赛条件很严格，以电影《斯大林同志的讲话》中的10张底片为基础，3个月内完成高度不低于1米的油画、水彩画或者色粉画。比赛邀请了12名苏联知名画家，如伊萨克·勃罗茨基、亚历山大·格拉西莫夫、叶夫根尼·卡茨曼、帕维尔·马雷科夫、伊利亚·马什科夫和瓦西里·梅什科夫。评委会特别注意到梅什科夫用碳笔和红画笔创作的画像。在纪要中记载道："斯大林同志在桌旁工作，兴致盎然的脸上洋溢着智慧。如果不是一些细节问题，这将是最成功的肖像画之一。过于清晰几乎写实，脸部细节描写，呆板的无骨的手部修饰，看似故意炫耀，背景过于阴暗。"

　　瓦西里·尼基季奇·梅什科夫（1867—1946）是苏联写生画家、版画家、俄罗斯苏维埃联邦社会主义共和国人民美术家、艺术学博士、俄罗斯艺术科学院教授，曾就读于莫斯科绘画雕塑与建筑学院（1882—1889）。他继承巡回展览派画家后期的绘画精神（主要是19世纪90年代）创作风俗画、风景画以及肖像画。19世纪90年代初期在他的故乡叶列茨便开始了他作为肖像画大师的创作生涯。梅什科夫非常关注苏联文化活动家、工人、红军战士的形象，他的作品在国外以及俄罗斯画廊和主要的博物馆里占据了重要的位置。

　　В 1937 г., к 20-летию Октябрьской революции, государственное издательство «Искусство» объявило закрытый конкурс - заказ на создание портрета И.В.Сталина. Условия конкурса были жесткими. На основе десяти кадров кинофильма «Речь товарища Сталина» за три месяца нужно было выполнить маслом, акварелью или пастелью портрет не менее 1 метра высотой. К участию в конкурсе были приглашены 12 известных советских художников, таких как Исаак Бродский, Александр Герасимов, Евгений Кацман, Павел Мальков, Илья Машков, Василий Мешков. Жюри особенно отметило и портрет, созданный Мешковым, выполненный углем и сангиной. В протоколе обсуждения отмечалось: «Товарищ Сталин работает за столом. Приподнятое лицо светится глубоким, живым умом. Если бы не некоторые детали, это был бы один из самых удачных портретов. Его портит слишком четкая, почти натуралистическая разработка отдельных подробностей лица, вялая бескостная проработка рук, нарочито эффектный, слишком мрачный фон».

　　Мешков Василий Никитич (1867-1946) , русский советский живописец и график. Народный художник РСФСР, доктор искусствоведческих наук, профессор Всероссийской академии художеств. Учился в Московском училище живописи, ваяния и зодчества (1882-1889), Мешков писал жанровые картины в духе поздних передвижников (преим. в 1890-е годы), пейзажи, портреты. В начале 1890-х годов в родном городе Ельце начинается творческая деятельность художника как мастера-портретиста. Мешков часто обращался и образам деятелей советской культуры, рабочих, красноармейцев. Произведения художника занимают достойное место в крупнейших музеях и картинных галереях России и за рубежом.

1947 年，斯大林在莫洛托夫巡洋舰上。

1947 г. И.В. Сталин на крейсере «Молотов».

150

斯大林军帽（1943 年卡其色款）

1940年代末−1950年代初
毛、呢布、丝绸、皮革、赛璐珞、丝线、搪瓷、金属
内径：19厘米
外径：24.5厘米
高度：13厘米

150

Фуражка И.В. Сталина военного образца (1943 г., цвета хаки)

Конец 1940-х - начало 1950-х гг.
Шерсть, сукно, шелк, кожа, целлулоид, канитель, эмаль, латунь
Диаметр внутренний: 19см
Диаметр внешний: 24,5см
Высота: 13см

151

身着军装的斯大林在克林姆林宫办公室

Д.А. 纳尔班江
1945年
布面油画
218厘米×145厘米

151

И.В. Сталин в маршальской форме в своем кабинете в Кремле

Д.А. Налбандян
1945 г.
Холст, масло
218см×145см

德米特里·阿尔卡季耶维奇·纳尔班江（1906—1993）出生于梯弗里斯，1924 至 1929 年在这里就读于艺术科学院，师从塔捷沃相和兰谢尔。第二次世界大战期间，他曾在亚美尼亚"塔斯之窗"工作，其绘画作品以苏联士兵的丰功伟绩和战后生活为主题。

1945 年，纳尔班江开始创作苏联武装部最高统帅斯大林的肖像画。为了体现斯大林生活中的真实性，他在斯大林的克里姆林宫办公室画了大量的系列草图。1946 年，这幅画在特列季亚科夫画廊举办的全苏艺术展展出过。这次展览的目的之一是展出那些"旨在延续人民英雄的形象，那些用自己劳动和天赋为祖国带来荣耀和力量的人"。评论家指出，"纳尔班江更出色地完成了自己的任务，他更多面地表现了人物的形象。"这幅画像被授予斯大林一等奖金（1946）。

战后，纳尔班江创作了众多人物形象绘画作品，包括《1945 年 5 月 24 日在克里姆林宫》（1946—1947），《政权属于苏维埃——和平属于人民！》（斯大林奖，1951），《伟大的友谊》（斯大林奖，1951），《青年斯大林》（1951），《毛泽东画像》（1952）等。他获得了苏联人民艺术家、俄罗斯联邦功勋艺术家等称号，是苏联艺术科学院院士。

Налбандян Дмитрий Аркадьевич (1906-1993), родился в Тифлисе, здесь же в 1924-1929 годах учился в Академии художеств у Е.М.Татевосяна и Е.Е.Лансере. Во время Великой Отечественной войны Налбандян работал в Армении над «Окнами ТАСС» и композициями, посвященными подвигам советских воинов и жизни в тылу.

В 1945 г. Налбандян начал работать над портретом И.В.Сталина-Верховного Главнокомандующего Вооруженными силами Советского Союза. Ряд этюдов был написан в рабочем кабинете Сталина в Кремле, с целью придать картине жизненную достоверность. Картина выставлялась на Всесоюзной художественной выставке, проходившей в Государственной Третьяковской галерее (1946). Одной из задач этой выставки стало экспонирование работ, «призванных увековечить образы людей, являющихся живым воплощением народного подвига, организаторов победы, тех, кто своим вдохновенным трудом или талантом служит славе и могуществу нашей Родины». Критика отмечала, что «наиболее успешно решил свои задачи Д.Налбандян, добившийся живой многогранности созданного им образа». Этот портрет был удостоен Сталинской премии первой степени (1946 г.)

В послевоенный период Налбандян работал над большими многофигурными композициями: «В Кремлевском дворце 24 мая 1945 года» (1946-1947), «Власть Советам-мир народам!» (Сталинская премия 1951 года), картины «Великая дружба» (Сталинская премия 1951 года), «Юный Сталин» (1951), «Портрет Мао Цзэдуна» (1952) и т.д. Народный художник СССР, заслуженный деятель искусств РСФСР и действительный член Академии художеств СССР .

152

搭配斯大林元帅检阅军装的海蓝色军帽

1945年
厚毛呢、呢绒、丝绸、纤维、黄铜
内径：17.5厘米
外径：23.5厘米
高度：12.2厘米

152

Фуражка к парадному мундиру И.В. Сталина цвета морской волны

1945 г.
Ткань "кастор", сукно, шелк, фибр, латунь
Диаметр внутренний: 17,5см
Диаметр внешний: 23,5см
Высота: 12,2см

153

斯大林海蓝色元帅检阅军装上衣

1945年
厚毛呢、呢绒、丝绸、金银丝线、毛线
长度：71.5厘米
宽度：46厘米
肩章长度：16厘米；宽度：6.5厘米

153

Мундир парадный И.В. Сталина (маршальский) цвета морской волны

1945 г.
Ткань "кастор", сукно, шелк, канитель металлическая, канитель шерстяная
Длина спинки с воротником: 71,5см
Ширина спинки: 46см
Длина: 16см (погон); Ширина: 6,5см (погоны)

154
搭配斯大林元帅检阅军装的军裤

1945年
厚毛呢、呢绒、丝绸、缎纹布
长度：126厘米（带裤脚饰条）

154
Брюки-галифе И.В. Сталина к парадному маршальскому мундиру

1945 г.
Ткань "кастор", сукно, шелк, шнур шелковый
Длина: 126см (со штрипками)

155
斯大林私人物品：黑色铬革靴

1940年
皮革、铬、缎布
靴底长：30厘米
靴筒高度：39厘米
后跟高度：1.7厘米

155
Из личных вещей И.В. Сталина: Сапоги хромовые, черные

1940 г.
Кожа, хром, сатин
Длина подошвы: 30см
Высота голенища: 39см
Высота каблука: 1,7см

156

斯大林的苏联元帅军装腰带

1940年代
青铜、锦缎、皮革
129厘米×5厘米

156

Пояс Маршала Советского Союза И.В. Сталина

1940-е гг.
Бронза, парча, кожа
129см×5см

157

斯大林私人物品：军用"博士牌"望远镜和盒子

1940年代
光学玻璃、不锈钢、皮
望远镜：15.7厘米×11厘米×6厘米
盒子：17厘米×13厘米×8厘米

157

**Из личных вещей И.В. Сталина: Бинокль
«Bausch» военный и футляр**

1940-е гг.
Стекло оптическое, нержавеющая сталь, кожа
Бинокль: 15,7см×11см×6см
Футляр: 17см×13см×8см

158
斯大林的军刀

不晚于1945年6月24日
钢、骨头、波纹绸、皮、黄铜
军刀：87厘米×2.5厘米
刀鞘：77厘米×4厘米

158
Сабля И.В. Сталина

Не позднее 24 июня 1945 г.
Сталь, кость (слоновая), муар, кожа, латунь
Сабля: 87см×2,5см
Ножны сабли: 77см×4см

1945 年 5 月 24 日，为迎接苏军统帅和军事长官，苏联决定举行盛大的阅兵式。斯大林被告知有关阅兵式参与成员、仪式和准备时间等情况，主要是缝制 4 万套左右的阅兵礼服，这需要两个月的时间。

对于将军们和元帅们——阅兵的参与者们——服装是个人定制的，每个人都要测量 20 次。专属阅兵军刀也是为他们制造的。套装组成包括：带肩章的海蓝色的毛料阅兵服、马裤、阅兵腰带、带跟长靴、刀鞘里的白刃、阅兵军帽。

На приеме в честь советских полководцев и военачальников, состоявшемся 24 мая 1945 г. в Кремле, И.В.Сталину были доложены предложения о составе участников парада, о ритуале, о времени подготовки, и главным образом о необходимости пошить около 40 тысяч комплектов парадного обмундирования, на все это отводилось два месяца.

Для генералов и маршалов - участников парада - обмундирование шилось индивидуально, для него с каждого были сняты мерки - по 20 измерений. Для них были также изготовлены специальные парадные сабли. Комплект состоял: шерстяной парадный мундир цвета морской волны с погонами, брюки бриджи, парадный пояс, сапоги со шпорами, холодное оружие в ножнах, парадная фуражка.

159

斯大林私人物品：马刺

1943年1月－1945年4月8日
钢质
18厘米 × 7厘米

159

Из личных вещей И.В. Сталина: Шпора

Не ранее января 1943 г. - не позднее 8 апреля 1945 г.
Сталь
18см×7см

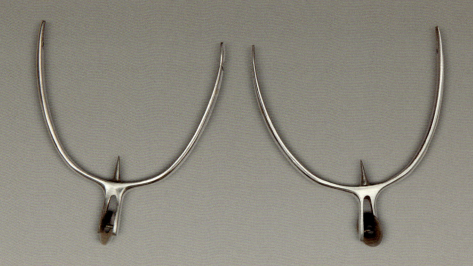

160

斯大林私人物品：深棕色皮质公文包

1920－1940年代
皮、锌合金
36厘米 × 42.5厘米 × 5厘米

160

**Из личных вещей И.В. Сталина: Портфель
кожаный темно-коричневый**

1920-1940 гг.
Кожа, цинковый сплав
36см×42,5см×5см

161

斯大林私人物品：带字母 "И．В．С．" 的钢笔

1940年代
硬橡木、塑料、金
长度：13.5厘米(带笔帽)

161

Из личных вещей И.В. Сталина: Ручка автоматическая с монограммой «И.В.С.»

1940-е гг.
Эбонит, пластмасса, золото
Длина: 13,5см (с колпачком)

斯大林个人物品中的钢笔，是 1949 年捷克斯洛伐克共和国笔头生产合作社工厂 "Penko" 送给约瑟夫 · 维萨里奥诺维奇 · 斯大林的 70 岁生日礼物。笔帽上的 "И．В．С．" 是斯大林名字首字母的缩写。

Ручка из личных вещей Сталина. Это подарок Иосифу Виссарионовичу к 70-летию со дня рождения в 1949 году от кооперативного предприятия по производству перьев «Пенко» Чехословацкой Республики. Буквы «И.В.С.» являются инициалами Иосифа Виссарионовича Сталина.

162

斯大林私人物品：L.Lavisse."Special" 烟斗

1940年代
雕刻、角、抛光
14厘米×5厘米
内径：2.2厘米
外径：3.4厘米

162

**Из личных вещей И.В. Сталина: Трубка
курительная. L. Lavisse «Special»**

1940-е гг.
Бриар, рог (олений), полировка
14см×5см
Диаметр внутренней табачной камеры: 2,2см
Диаметр внешней табачной камеры: 3,4см

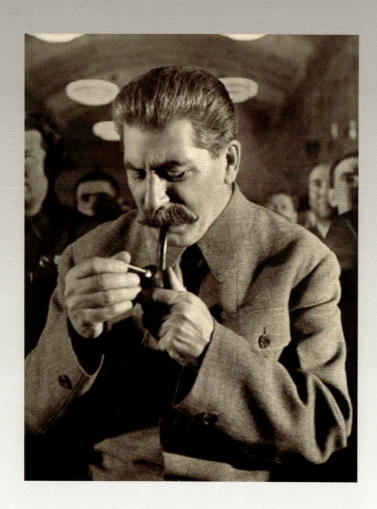

斯大林抽过的烟的品牌有："精英""礼炮""弗
洛尔黑塞哥维那"、哈瓦那雪茄。抽烟斗的时候，他会
把雪茄切成三段放进去，或者用烟卷的烟丝装满烟斗。

Бренды сигарет: «Элита», «Салют», «Герцеговина-
флор», гаванские сигары. Когда Сталин курил трубку,
вставлял в нее сигару, разрезанную на три части, или
насыпал в нее табак из папирос.

163

斯大林私人物品：放大镜

1940年代
光学玻璃、黄铜、硬橡胶
长度：20.5厘米
直径：11厘米

163

**Из личных вещей И.В. Сталина: Лупа
(увеличительное стекло)**

1940-е гг.
Стекло оптическое, латунь, эбонит
Длина с ручкой: 20,5см
Диаметр: 11см

曾经在斯大林别墅工作过的工作人员说，斯大林把很多时间用在了地图上。"有时候他跪在椅子上"，维亚切斯拉夫·米哈伊洛夫·莫洛托夫回忆道："休息室的墙上挂满了地图……他特别喜欢地图，这里曾经有亚洲地图、欧洲地图、全部都是地图。我们在这儿来回看好久……在地图前讨论初级阶段的经济问题。"斯大林的女儿斯维特兰娜回忆说，在战争期间，房间和餐厅的桌子上摆满了地图，斯大林在工作的时候经常使用放大镜。

Люди, обслуживавшие Сталина на даче, говорили, что он много времени проводил, работая с картами. «Иногда на стул коленками станет». Об этом же вспоминал Вячеслав Михайлович Молотов: «В фойе карты по всем стенам... он очень карты любил географические, вот здесь Азия была, Европа, все карты. Здесь мы топтались подолгу.... Обсуждали у карт на предварительной стадии всякие хозяйственные вопросы». Светлана Иосифовна Аллилуева вспомнила, что во время войны столы в кабинете и столовой на даче были завалены картами. При работе с ними Сталин обычно использовал лупы.

164

斯大林半身塑像

В.Я. 博戈柳博夫、В.И. 因加尔
1947年
瓷
75厘米×67厘米×39厘米

164

Бюст И.В. Сталина

В.Я. Боголюбов, В.И. Ингал
1947 г.
Фарфор
75см×67см×39см

韦尼阿明·亚科夫列维奇·博戈柳博夫（1895—1954）是苏联雕塑家、斯大林奖金获得者（1941）。1917 至 1927 年就职于波罗的海舰队，1923 年开始从事雕塑艺术，在列宁格勒的国立高等美工学院师从利舍夫、巴赫和马特维耶夫，并且在喀琅施塔得海军俱乐部的造型艺术学校学习（1926—1930）。在这段时间完成了他的第一批作品，其中包括列宁、斯大林、伏龙芝的木制半浮雕肖像，肖像雕塑成为艺术家创作的主要领域。1929 年，他与雕塑家因加尔创立博戈柳博夫创作协会。

弗拉基米尔·约瑟夫维奇·因加尔（1901—1966）是苏联雕塑家、苏联国家奖金获得者（1941），俄罗斯苏维埃联邦社会主义共和国功勋艺术家（1957），苏联艺术科学院通讯院士（1958）。1901 年 3 月 16（29）日出生于苏联叶卡捷琳诺达尔（现克拉斯诺达尔），1915 年在莫斯科梅什科夫工作室学习，也曾在顿河畔罗斯托夫手工艺术学校学习（1918–1919）。在艾利贾工作室学习后，在阿塞拜疆巴库综合技术学院学习（1923–1925）。1929 年和博戈柳博夫开始了创作上的合作。1949 至 1966 年，他在列宁格勒高等美工学院任教。

Боголюбов Вениамин Яковлевич (1895-1954), скульптор, лауреат Сталинской премии СССР (1941). С 1917 по 1927 год служил на Балтийском флоте. Скульптурой начал заниматься в 1923 году. Учился во ВХУТЕИНе в Ленинграде у В.В.Лишева, Р.Р. Баха и А.Т. Матвеева и в изостудии Кронштадского военно-морского клуба (1926-1930). К этому времени относятся его первые скульптурные работы, в том числе барельеф из дерева с портретами В.И.Ленина, И.В.Сталина и М.В.Фрунзе. Портретная скульптура остается главной областью творчества художника. В 1929 году началось творческое содружество Боголюбова со скульптором В.И.Ингалом.

Ингал Владимир Иосифович (1901-1966), скульптор, лауреат Государственной премии СССР (1941), заслуженный деятель искусств РСФСР (1957), член-корреспондент Академии художеств СССР (1958). Родился 16 (29) марта 1901 года в Екатеринодаре. Учился в Москве в студии В.Н.Мешкова (1915), затем - в Художественно-ремесленном училище Ростова-на-Дону (1918-1919), в студии С.Д.Эрьзи и одновременно в Азербайджанском политехническом институте в Баку (1923-1925). С 1929 года началось творческое содружество Ингала с В.Я.Боголюбовым. В 1949-1966 годах профессор Ингал преподавал в Ленинградском высшем художественно-промышленном училище.

165

让苏联人民和中国人民之间友谊长存！

В. С. 伊万诺夫
1951年
纸、胶印
90.1厘米×65.8厘米

165

Пусть живёт и крепнет нерушимая дружба и сотрудничество советского и китайского народов!

В. С. Иванов
1951 г.
Бумага, офсет
90,1см×65,8см

1949 年 12 月 16 日，毛泽东到达莫斯科。苏联部长会议副主席莫洛托夫、国防部长、元帅尼古拉·布尔加宁、外贸部长米克哈尔·门希科夫、外交部副部长安德烈·葛罗米柯在车站欢迎毛泽东的到来。

16 декабря 1949 г. Мао Цзэдун приехал в Москву. Поезд подошел к перрону в полдень. На вокзале его встречали заместитель председателя Совета Министров СССР В.Молотов, министр обороны маршал Н.Булганин, министр внешней торговли М.Меньшиков, заместитель министра иностранных дел А.Громыко.

中华人民共和国中央人民政府主席毛泽东抵达莫斯科。1949 年 12 月 16 日摄，照片于 12 月 17 日被刊登于《消息报》《红星报》和《莫斯科晚报》。

16 декабря 1949 г. Фотографии приезда в Москву Председателя Центрального Народного Правительства Народной Республики Китая - Мао Цзэдуна. Фотографии были опубликованы 17 декабря в газетах «Известия», «Красная звезда», «Вечерняя Москва».

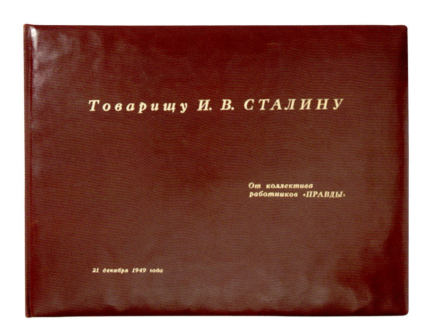

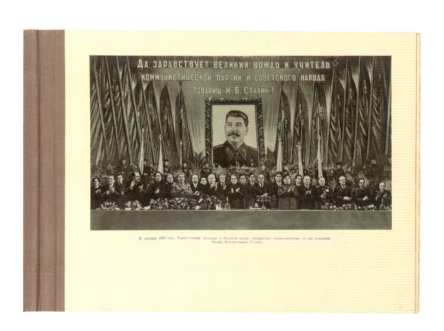

166

《真理报》工人献给斯大林七十寿辰的礼物——相册

1949年
磨面相纸、数码复印
21.5厘米×28.5厘米

166

Альбом фотографий И.В. Сталина (подарок И.В. Сталину к 70-летию со дня рождения от работников газеты «Правда»)

1949 г.
Фотобумага матовая, цифровая копия
21,5см×28,5см

斯大林别墅主楼前的喷泉（2004 年）

在简短的欢迎仪式后，毛泽东在莫洛托夫的陪伴下乘车前往位于莫斯科郊区的斯大林的别墅。

Фонтан перед Главным домом дачи И.В. Сталина (2004 г.)

Сразу же после краткой церемонии встречи Мао Цзэдун на автомашине в сопровождении Молотова отправился на дачу Сталина под Москвой.

斯大林和阿里卢耶娃，索契，1932 年

1932 年 11 月 9 日，爱妻娜杰日达·谢尔盖耶夫娜·阿里卢耶娃去世后，斯大林决定修建这座别墅。别墅选址在一个十字路口的空地上，两条路分别通往马特韦耶夫卡村和达维得卡沃村。

И.В. Сталин и Н.С. Аллилуева, Сочи, 1932 г.

Решение о строительстве дачи Сталин принял после трагической гибели 9 ноября 1932 года любимой жены, Надежды Сергеевны Аллилуевой. Место было выбрано на пустыре, находившемся на перекрестке дорог, одна из которых вела в деревню Матвеевка, другая - в деревню Давыдково.

斯大林别墅内的小餐厅

Малая столовая в даче Сталина

167

斯大林别墅内的物品：甜品盘

1930年代
水晶、白铜、雕刻
高20厘米（带手柄）、直径21厘米

167

Комплекс предметов из сервиза с дачи И.В. Сталина: конфетница

1930-е гг.
Хрусталь, мельхиор, резьба
Высота: 20см (с ручкой); D-21см

168

盛水果用的高脚盘

1930年代
玻璃
高29厘米、直径25厘米

168

Ваза для фруктов

1930-е гг.
Стекло
Высота: 29см; D-25см

169

鱼刀

二十世纪初
白铜
左：6厘米×30.5厘米
右：7厘米×31厘米

169

Нож для рыбы

Начало XX в.
Мельхиор
лево: 6см×30,5см
право: 7см×31см

170

小的点心餐盘

19世纪末－20世纪初
瓷、绘饰
平面高度：2厘米、直径：17.3厘米

170

Тарелка столовая, десертная, мелкая

Конец XIX - начало XX вв.
Фарфор, роспись
Высота от плоскости: 2см; D-17,3см

171

中等尺寸的餐盘

19世纪末－20世纪初
瓷、绘饰
平面高度：2.5厘米、直径：22.2厘米

171

Тарелка столовая, глубокая, средняя

Конец XIX - начало XX вв.
Фарфор, роспись
Высота от плоскости: 2,5см; D-22,2см

172

大餐盘

19世纪末–20世纪初
瓷、绘饰
平面高度：2.8厘米、直径：24.5厘米

172

Тарелка столовая, мелкая, большая

Конец XIX - начало XX вв.
Фарфор, роспись
Высота от плоскости: 2,8см; D-24,5см

173

带塞子的长颈瓶

1930年代
水晶、雕刻
通高：35.5厘米、底径：9.5厘米

173

Графин с пробкой

1930-е гг.
Хрусталь, резьба
Высота от плоскости: 35,5см; D-9,5см

174

奶酪板

19世纪末
瓷、绘饰
15.5厘米×25厘米、厚度1.5厘米

174

Доска для резания сыра

Конец XIX в.
Фарфор, роспись
15,5см×25см; высота: 1,5см

175

托盘

19世纪末
瓷、绘饰
上：14.6厘米×26.6厘米、厚度2.7厘米
下：11.7厘米×18.3厘米、厚度2.5厘米

175

Лоток

Конец XIX в.
Фарфор, роспись
верх: 14,6см×26,6см; высота: 2,7см
низ: 11,7см×18,3см; высота: 2,5см

176
茶杯

1930年代
瓷、绘饰
高度：5.2厘米、直径：8厘米、宽度：10.5厘米(带把手)

176

Чашка чайная

1930-е гг.
Фарфор, роспись
Высота: 5,2см; D-8см; Ширина: 10,5см (с ручкой)

177
茶碟

1930年代
瓷、绘饰
平面高度：3厘米、直径：15厘米

177

Блюдце чайное

1930-е гг.
Фарфор, роспись
Высота от плоскости: 3см; D-15см

178

刺绣"鹰"（中国）

1945–1949年
丝绸、缎纹布
133厘米×67厘米

178

Вышитое панно «Орел» (Китай)

1945-1949 гг.
Шелк, атлас
133см×67см

在大厅的真品只有中国的刺绣画，这是通过党中央委员会转交到斯大林别墅的礼物。它们被挂在大门的右侧。吸引斯大林的不一定是中国大师精美的工艺，而是图像的象征意义。在中国神话中，虎是百兽之王和森林之王，鹰是天空力量、火和不朽的象征。

据斯大林女儿斯维特兰娜回忆："在别墅大厅里的中国丝绣画都是真品，是从毛泽东主席那里通过党中央委员会转交的礼物，悬挂在别墅大门的右侧，一幅描绘的是老虎，另一幅是鹰。"1949 至 1956 年，这幅刺绣画位于斯大林别墅大厅中，1966 年 7 月从专门存放地转交中央列宁博物馆。

Подлинными в Большом зале были только вышитые шелком китайские картины - подарки, переданные на дачу через ЦК партии. Они висели справа от входной двери. Видимо, в произведениях китайских мастеров Сталина привлекала не столько изысканная техника, сколько символическое значение образов. В китайской мифологии тигр - царь зверей и хозяин леса, а орел - символ небесной силы, огня и бессмертия.

По воспоминаниям дочери Сталина Светланы: «Подлинными в Большом зале были только вышитые шелком китайские картины - подарки, переданные на дачу через ЦК партии от Мао Цзэдуна. Они висели справа от входной двери. На одной был изображен тигр, на другой - орел». Это панно находилось в Большом зале Ближней дачи И.В.Сталина в 1949-1956 гг., было передано в июле 1966 года из спец.храна.

179

刺绣"凤凰"（中国）

1945–1949年
丝绸、缎纹布
148厘米×44.5厘米

179

Вышитое панно «Феникс» (Китай)

1945-1949 гг.
Шелк, атлас
148см×44,5см

1949 年，中国人民革命军事委员会后勤部赠予斯大林七十寿辰的礼物。1966 年 7 月从专门存放地转交中央列宁博物馆。

Подарок И.В.Сталину к 70-летию от Управления службы тыла народно-революционного Военного Совета Китая. 1949 г. был передан в июле 1966 года из спец.хранa в Центральный Музей В.И.Ленина.

180

刺绣 "花鸭" （中国）

1945−1949年
丝绸、缎纹布
148厘米×44.5厘米

180

Вышитое панно «Селезни и утки» (Китай)

1945-1949 гг.
Шелк, атлас
148см×44,5см

1949 年，中国人民革命军事委员会后勤部赠予斯大林七十寿辰的礼物。1966 年 7 月从专门存放地转交中央列宁博物馆。

Подарок И.В. Сталину к 70-летию от Управления службы тыла народно-революционного Военного Совета Китая. 1949 г. был передан в июле 1966 года из спец.храна в Центральный Музей В.И. Ленина.

181

和平队列坚不可摧！

B.E. 卡尔代洛夫
1950年
纸、彩色石印
86.5厘米×55.2厘米

181

Фронт мира несокрушим!

B.E. Кайдалов
1950 г.
Бумага, хромолитография
86,5см×55,2см

弗拉基米尔·耶尔比季法洛维奇·卡尔代洛夫（1907—1985）是乌兹别克斯坦写生画家、版画家、插画家、宣传画画家，乌兹别克苏维埃联邦社会主义共和国人民艺术家。他 1921 至 1923 年在巴尔瑙尔的尼库林艺术学校学习，1927 至 1930 年在俄罗斯革命艺术家协会列宁格勒艺术学校学习，是阿维洛夫和德罗兹多夫的学生。1930 年起，他成为版画家和宣传画画家，以军事和政治为主题。卡尔代洛夫是苏联卫国战争的参与者，为从日本军队的占领下解放满洲里而战斗。20 世纪 30 年代初，他将自己全部的创作经历奉献给了乌兹别克斯坦艺术。图画、水彩画、石印品、木刻在卡尔代洛夫的创作中占有重要地位，他创作了一系列肖像画、风景画、流派画和邮票。

"和平队列"是政治社会的统一，是为反对战争、为和平而奋斗。

Кайдалов Владимир Елпидифорович (1907-1985) - узбекский советский живописец, график, иллюстратор, плакатист. Народный художник Узбекской ССР. В 1921-1923 занимался в студии А.Никулина в Барнауле. В 1927-1930 обучался в ленинградской студии Ассоциации художников революционной России, ученик М.Авилова и И.Дроздова. С 1930 начал работать как художник-график и плакатист на военные и политические темы. Участник Великой Отечественной войны. Сражался за освобождение Маньчжурии от японских войск. Член Союза художников СССР. С начала 1930-х годов все свои творческие силы отдал искусству Узбекистана. Значительное место в творчестве Кайдалова занимали рисунок, акварель, литография, гравюры на дереве. Создал ряд портретов, пейзажей и жанровых картин, почтовых марок.

«Фронтом мира» называется политическое, общественное объединение, целью которого является борьба против войны, борьба за мир.

182

毛泽东半身塑像

З.И. 阿兹古尔
1950年
石膏
110厘米×90厘米×52厘米

182

Портрет Мао Цзэдуна

З.И. Азгур
1950 г.
Гипс
110см×90см×52см

扎伊尔·伊萨科维奇·阿兹古尔（1908—1995）是苏联和白俄罗斯雕塑家、教育家，社会主义劳动英雄（1978），苏联人民艺术家（1973），苏联艺术科学院院士（1958）。两次斯大林奖金二等奖获得者（1946，1948）。纪念雕像作品有：捷尔任斯基（1947，特列季亚科夫画廊），鲁迅（1953—1954，特列季亚科夫画廊），拉宾德拉纳特·泰戈尔（1958，特列季亚科夫画廊）。

Азгур Заир Исакович (1908-1995), советский и белорусский скульптор, педагог. Герой Социалистического Труда (1978). Народный художник СССР (1973). Академик Академии Художеств СССР (1958). Лауреат двух Сталинских премий второй степени (1946,1948). Работы монументальные портреты: Ф. Дзержинский (1947, ГТГ), Лу Синь (1953-1954, ГТГ), Рабиндранат Тагор (1958, ГТГ).

183

绘有毛泽东头像的装饰盘（中国）

1949年
瓷、绘饰
62厘米×37.7厘米×1厘米

183

Фарфор с портретом Мао Цзэдуна (КНР)

1949 г.
Фарфор, роспись
62см×37,7см×1см

在波兰、捷克斯洛伐克、罗马尼亚、匈牙利和保加利亚等国的党政级别的会议上，庆祝斯大林七十寿辰的决议被通过。这些人民民主制度国家的劳动人民与苏联人民一起参加纪念社会主义竞赛，共同钻研"伟大领袖和全人类老师"的自传，以他们的名字命名城市、街道、广场……斯大林七十寿辰来临之际，国外很多国家举办了赠送斯大林的礼品的展览，这些礼品都是专门运送到莫斯科的。

"来自全江西省人民诚挚的礼物"在展览中呈现的是列宁、斯大林、马克思、恩格斯和毛泽东的瓷器肖像画。1966 年 7 月毛泽东肖像画从专门存放地转交中央列宁博物馆。

Решения о праздновании 70-летия И.В.Сталина были приняты на партийно-правительственном уровне в Польше, Чехословакии, Румынии, Венгрии, Болгарии… Трудящиеся стран народной демократии, как и советские люди, участвовали в юбилейном социалистическом соревновании, изучали биографию «великого вождя и учителя всего человечества», называли его именем города, улицы, площади…Накануне юбилея во многих зарубежных странах прошли национальные выставки подарков И.В.Сталину, которые специальными поездами отправлялись в Москву.

«От народа всей провинции Цзянси с уважением в дар» в экспозиции были представлены портреты В.И. Ленина, И.В. Сталина, К. Маркса, Ф. Энгельса, Мао Цзэдуна на фарфоре. Портрет Мао Цзэдуна был передан в июле 1966 года из спец.храна в Центральный Музей В.И. Ленина.

184

绘有马克思头像的装饰盘

周申（音译）（中国）
1952年
瓷、绘饰
平面高度：3厘米、直径：27.5厘米

184

Тарелка декоративная с портретом К. Маркса

Чжоу Шень (транскрипция) (КНР)
1952 г.
Фарфор, роспись
Высота от плоскости: 3см; D-27,5см

185

绘有恩格斯头像的装饰盘

周申（音译）（中国）
1952年
瓷、绘饰
平面高度：3厘米、直径：27.5厘米

185

Тарелка декоративная с портретом Ф. Энгельса

Чжоу Шень (транскрипция) (КНР)
1952 г.
Фарфор, роспись
Высота от плоскости: 3см; D-27,5см

186

绘有列宁头像的装饰盘

周申（音译）（中国）
1952年
瓷、绘饰
平面高度：3厘米、直径：27.5厘米

186

Тарелка декоративная с портретом В.И. Ленина

Чжоу Шень (транскрипция) (КНР)
1952 г.
Фарфор, роспись
Высота от плоскости: 3см; D-27,5см

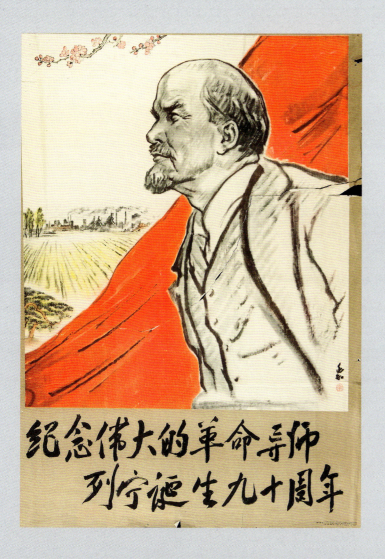

187

纪念伟大的革命导师列宁诞生九十周年

卢严英（音译）（中国）
1960年
纸、印刷
108厘米×77厘米

187

**В память 90-летия со дня рождения Ленина -
великого учителя революции**

Лу Яньин (транскрипция) (КНР)
1960 г.
Бумага, печать
108см×77см

291

斯 大 林

製 廠 織 絲 生 錦 都 州 杭 國 中

188

斯大林绣像（中国）

1950年代

丝线、纺织、丝印

80厘米×50厘米

188

Тканый портрет И.В. Сталина (КНР)

1950-е гг.

Нити шелковые, ткачество, шелкография

80см×50см

東澤毛

製監廠織絲生錦都州杭國中

189

毛泽东绣像（中国）

1950年代
丝线、纺织、丝印
80厘米 × 50厘米

189

Тканый портрет Мао Цзэдуна (КНР)

1950-е гг.
Нити шелковые, ткачество, шелкография
80см×50см

190

"伟大的十月革命三十五周年纪念"中国邮票：毛泽东和斯大林在克里姆林宫

1952年
纸质、金属版印刷
3厘米×4.5厘米

190

Марка почтовая Китая. 35 лет Великой Октябрьской социалистической революции. И.В. Сталин и Мао Цзэдун во дворе Кремля

1952 г.
Бумага, металлография
3см×4,5см

191

"伟大的十月革命三十五周年纪念"中国邮票：列宁宣布苏维埃政权成立（源于谢洛夫的油画）

1952年
纸质、金属版印刷
3厘米×4.5厘米

191

Марка почтовая Китая. 35 лет Великой Октябрьской социалистической революции. В.И. Ленин провозглашает Советскую власть (по картине В. Серова)

1952 г.
Бумага, металлография
3см×4,5см

192

"伟大的十月革命三十五周年纪念"中国邮票：伏尔加－顿河运河斯大林纪念像

1952年
纸质、金属版印刷
4.5厘米×3厘米

192

Марка почтовая Китая. 35 лет Великой Октябрьской социалистической революции. Памятник И.В. Сталину на Волго-Донском канале

1952 г.
Бумага, металлография
4,5см×3см

193

"伟大的十月革命三十五周年纪念"中国邮票：斯大林肖像

1952年
纸质、金属版印刷
4.5厘米×3厘米

193

Марка почтовая Китая. 35 лет Великой Октябрьской социалистической революции. Портрет И.В. Сталина

1952 г.
Бумага, металлография
4,5см×3см

194

"乌·伊·列宁逝世三十周年纪念"中国邮票（源于奥促普的照片）

1954年
印刷纸、金属版印刷、彩印
4.1厘米×3厘米

194

Марка почтовая Китая. 30 лет со дня смерти В.И. Ленина (по Фото П. Оцупа)

1954 г.
Бумага типографская, металлография, печать тоновая
4,1см×3см

195

"中苏友好同盟互助条约签订五周年纪念"中国邮票：毛泽东和斯大林

1955年
印刷纸、金属版印刷、彩印
3.6厘米×4.1厘米

195

Марка почтовая Китая. 5 лет подписания договора о взаимной помощи и дружественном союзе между КНР и СССР. Мао-Цзэдун и И.В. Сталин

1955 г.
Бумага типографская, металлография, печать тоновая
3,6см×4,1см

196

宣传画：中苏高层会晤·北京

Ю.С. 什班诺夫
1989年
纸质、胶印
64.5厘米×47.7厘米

196

Плакат. Советско-китайская встреча на высшем уровне.

Ю.С. Шибанов
1989 г.
Бумага, печать офсетная
64,5см×47,7см

　　1989 年 5 月 16 日，苏联共产党中央委员会总书记、苏联最高苏维埃主席戈尔巴乔夫抵达北京，与中国改革开放总设计师邓小平会面。在会上，邓小平提议，今后的中苏关系双方坚持"结束过去—开创未来"的原则。

16 мая 1989 г. состоялась встреча прибывшего в Пекин Генерального секретаря ЦК КПСС, Председателя Верховного Совета СССР М.С. Горбачева с архитектором китайских реформ Дэн Сяопином, на которой Дэн Сяопин предложил, чтобы впредь в своих отношениях обе стороны придерживались принципа «закрыть прошлое - открыть будущее».

197

中国、俄罗斯、哈萨克斯坦、吉尔吉斯斯坦、塔吉克斯坦五国关于在边境地区加强军事领域信任协定的签署纪念浮雕板

1996年
玻璃、金色涂料、雕刻
8.2厘米×12.2厘米

197

Плакета, выпущенная в честь подписания Соглашения между Китайской Народной Республикой и Россией, Казахстаном, Кыргызстаном, Таджикистаном об укреплении доверия в военной области в районе границы

1996 г.
Стекло, краска золотистая, гравировка
8,2см×12,2см

图书在版编目（CIP）数据

俄罗斯国家历史博物馆藏十月革命文物图集/王春
法主编. -- 北京：北京时代华文书局, 2017.11
　　ISBN 978-7-5699-2321-6

Ⅰ.①俄… Ⅱ.①王… Ⅲ.①十月社会主义革命—革
命文物—俄罗斯—图集 Ⅳ.①K885.120.2

中国版本图书馆CIP数据核字(2018)第066938号

责任编辑

徐敏峰

周海燕

中国国家博物馆国际交流系列丛书

俄罗斯国家历史博物馆藏
十月革命文物图集

主编：王春法
出版人：王训海
出版发行：北京时代华文书局（http://www.bjsdsj.com.cn）
地址：北京市东城区安定门外大街138号皇城国际A座8层
邮编：100011
发行部：010－64267120　010－64267397
印制：北京雅昌艺术印刷有限公司
开本：635×965　1/16　印张：19.75　印数：1000册
版次：2018年10月第1版　2018年10月第1次印刷
书号：ISBN 978-7-5699-2321-6
定价：480.00元

如发现印装质量问题，请与印厂联系调换
版权所有·侵权必究